华夏文库·道教与民间宗教书系

历代高道传

姜守诚　李小龙　著

中州古籍出版社
·郑州·

图书在版编目（CIP）数据

历代高道传 / 姜守诚，李小龙著 . —郑州：中州古籍出版社，2020.4（2022.12重印）
（华夏文库道教与民间宗教书系）
ISBN 978-7-5348-9122-9

Ⅰ.①历… Ⅱ.①姜…②李… Ⅲ.①道士–列传–中国 Ⅳ.① B959.92

中国版本图书馆 CIP 数据核字（2020）第 074157 号

LIDAI GAODAO ZHUAN

历代高道传

总 策 划	耿相新　郭孟良
项目协调	单占生
项目执行	萧梦麟
策划编辑	肖　泓
责任编辑	李晓丽
责任校对	刘丽佳
封面设计	新海岸设计中心
版式设计	曾晶晶
美术编辑	王　歌

出 版 社	中州古籍出版社（地址：郑州市郑东新区祥盛街27号6层　邮编：450016　电话：0371-65723280）
发行单位	河南省新华书店发行集团有限公司
承印单位	河南新华印刷集团有限公司
开　　本	640 mm×960 mm　1/16
印　　张	10.5
字　　数	160 千字
印　　数	2 001—4000 册
版　　次	2020 年 4 月第 1 版
印　　次	2022 年 12 月第 2 次印刷
定　　价	35.00 元

本书如有印装质量问题，请联系出版社调换。

目 录

一 正一盟威：张天师

1 天师张陵 2
2 嗣师张衡 5
3 系师张鲁 8

二 抱朴仙翁：葛洪

1 儒道兼修 14
2 仙道可致 19

三 新出天师：寇谦之

1 修道之路 27
2 因缘际会 33

  3 清整道教 38

四 简寂先生：陆修静

  1 丹元真人 44

  2 总括三洞 50

  3 规范斋法 53

五 山中宰相：陶弘景

  1 贞白先生 60

  2 真灵位业 67

  3 茅山上清 71

六 广成先生：杜光庭

  1 弘教大师 75

  2 修身理国 79

  3 垂科立范 84

七 紫阳真人：张伯端

1　南宗祖师 88

2　悟真名篇 93

八 全真教祖：王重阳

1　开宗演教 101

2　三州五会 109

3　金莲七真 115

九 列仙之儒：张宇初

1　博学羽士 122

2　耆山岘泉 125

3　重塑道范 132

十 龙门律师：王常月

1　中兴之祖 136

2　龙门戒律 140

十一　妙正真人：娄近垣

1　上清外史 ································ 148
2　振兴玄门 ································ 152
3　援禅入道 ································ 156

小知识目录

音诵 ································· 41
三洞四辅 ····························· 57
商山四皓 ····························· 86
张伯端游神折花 ······················· 99

一 正一盟威：张天师

东汉末年，张陵在蜀中创立"正一盟威之道"，开启了天师道的历史"纪元"。嗣后，其子张衡执掌教权，惨淡经营，可惜英年早逝。张衡幼子张鲁在母亲的庇护下，积蓄力量，道脉不绝如缕。后来，张鲁在益州牧刘焉的支持下，在汉中、巴蜀地区建立"政教合一"的割据政权，推动了五斗米道的发展。张陵、张衡、张鲁祖孙三代，以其在创教过程中的重要作用，而被教内尊称为"祖天师""嗣天师""系天师"。

1 天师张陵

张陵（34～156），又名张道陵，道教内部称之为"祖天师"。正史中关于张陵的记述不多，且语焉不详、难成体系。如西晋陈寿撰写的《三国志·张鲁传》中记载：张鲁的祖父为张陵，在鹄（鹤）鸣山（今四川省境内）中学道，常造作道书来吸引百姓。凡接受张陵道法的人需要缴纳五斗米，所以世人又称张陵为"米贼"。张陵死后，他的儿子张衡行其道。张衡死后，其子张鲁继续教法。据东晋史学家常璩《华阳国志》记载：汉末，沛国张陵学道于蜀鹤鸣山，造作道书，自称"太清玄元"。南朝刘宋时人范晔编撰的《后汉书·刘焉传》中也有类似记述。

据道门典籍记载，张陵，字辅汉，沛国丰（今江苏省丰县）人。张陵早年修习儒家经典，做过太学生，博采众家学术之长，具有良好的经史素养和积极的治世胸怀。

但张陵生活的年代，中国正处于纷乱之中。当时汉帝国大厦将倾，地方赋税徭役繁重，黎民苦不堪言。张陵不得已入余杭（今浙江省杭州）隐居，每天以耕种、讲学为业。虽然也教授了许多弟子，但他常常慨叹所习之学不能辅助世道、拯救民生。故张陵晚年改习道术。

一次偶然的机会，张陵得到了一部记载外丹炼制和服用的《黄帝九鼎丹经》，遂携书进入繁阳山（今四川省境内）潜心修炼。传说他练就了"坐在立亡"的异能，这是一种早期的幻术，指施法者能在瞬间隐藏形迹，或于短时间内在另一个地方出现。后来张陵又四方游历，在各处名山洞府中获得了许多"隐书秘文"和制命山岳众神的法术，行之颇有效验。

张陵像
美国圣迭戈艺术博物馆藏明代彩绘
《明孝康张皇后箓职牒图卷》（局部）

张陵认为蜀地（今四川省境内）民众朴素，且多山的地理环境更便于隐居和寻仙炼药，所以就带领弟子留在蜀中继续修行。张陵炼成金丹后，并没有立即服食，而是训诫弟子说：我必须先为国家兴利除害、修建功德，然后才可追求神仙事业，这样才能俯仰无愧于天地。

蜀中多山险，当地瘴气弥漫，虎患蛇害充斥。此间自古以来就有浓厚的巫鬼风俗，人们认为各处都有鬼怪流荡，横行乡里、布散瘟疫。修成法力的张陵开始为蜀民除魔消瘴。传说，张陵与六天大魔和一众鬼族展开激战，最终将它们击败，遣散到西北蛮荒之地，张陵同它们定下契约：人在白昼行走，鬼在暗夜出没，阴阳分别、各行其道。从此，人间、冥界才有了明确的秩序准则。今西蜀青城山仍有鬼市、天师誓鬼碑石等遗迹留存。

张陵又夺回了从前被魔王掌控的二十四治，以廉耻慈悯之道教化民众。"治"是五斗米道传播的据点和中心。最初为二十四治，以应二十四节气，后来又增设四治，合称二十八治，以应天上二十八星宿。据学者考证，二十四治的治点多位于易守难攻的山区边缘，大部分位于川西、川北，既可以祭神传道，又能抢占军事制高点，具有军事、政治与宗教合一之特点，是早期五斗米道传播发展的基础。

"天师"之号，始见于《素问》《庄子》等典籍，是对有道者最尊贵的称号。传说太上老君感念凡间有志于学道的人无明师引导，故封张陵为"天师"，传授他仙经神药和升仙秘术，让他引领后学。后来，张陵将经箓、印剑等法信交付给儿子张衡，并叮嘱他说：汝所授习的经文，总领正一枢要，不可轻泄；后世每一代天师之位，都要从自家亲宗子孙中选定，不可妄传。嘱咐罢，张陵溘然长逝。

由于史料中鲜有对张陵的记载，故后世羽流不断地对"张天师"的形象进行塑造、充实和丰满，在他身上附加了许多神异色彩。但这些神秘的演绎都秉承着一个根本原则，即凸显张陵通过异能兴利除害、辟除瘟疫、禳除祸患的经历，彰显他以礼义廉耻教化世人的光辉形象。

也正是因为道教"神异和仁德"一体而同的特征，才使得历代帝王对道教恩宠有加。如唐天宝七年（748），唐玄宗李隆基册赠张陵为"太师"；唐中和四年（884），唐僖宗李儇追封张陵为"三天扶教大法师"；北宋末年，宋徽宗赵佶为了表彰张陵剖判阴阳、拯济民生、兴"大利于天下"的行为，给他加了一个尊号"正一靖应真君"；南宋理宗皇帝则封他为"三天扶教辅元大法师正一靖应显佑真君"。这些封号背后，都在凸现张陵济物化民的事迹和功德。

2 嗣师张衡

道门中的"嗣师"一般指继承师道或法脉的人。但由于张陵的儿子张衡是道教史上第一个"嗣师",故提及此称号,一般也特指"嗣天师"张衡。无论是正史还是道教典籍中,对张衡的记载都十分模糊,且多与其父张陵和其子张鲁联袂出现。

据道教典籍记载:张衡,字灵真,由于生在天师之家,故少年时即以修仙为业。他"为人广智,志节高亮",一心精修玄道,不与世俗交接。据说,张衡曾被征为近侍帝王的黄门郎,但他拒绝入仕。张衡掌袭教位后,居阳平山(今四川省境内),每年给弟子传授经箓,发扬正一道教。

汉光和二年(179)正月,张衡将法印授予儿子张鲁,并教导他说:张氏先祖以天地为心、生灵为念、诚敬忠孝为本,曾经遍行天下,为黎民消除灾祸。这才感动天地,得到神仙亲传秘术、建立大教。后世继承教统的子孙,当秉承"非诚无以得道,非敬无以立德,非忠无以事君,非孝无以立亲"的立教原则。这段文辞可称为历代天师之"家训",其中体现了天师道诚敬忠孝、道德君亲、立功立德的思想指向。

元武宗曾亲制诏书，表达对张氏天师的赞许，将其与古之先哲圣王相类比。元武宗称：张氏历代天师都以"清静宁民为本"，后继者又能"嗣守道器，遗荣冲引"，故表彰张衡继宗开绪、纳俗安善的行为，赠号"正一嗣师太清演教妙道真君"。

后来张衡在阳平治升天，其治地有"嗣师治"碑留存。阳平治在

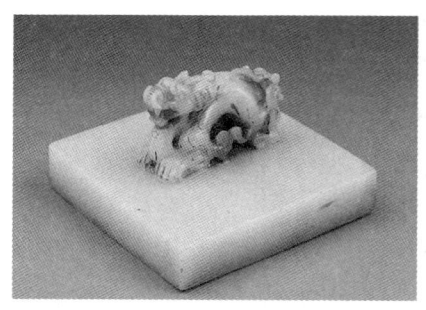

阳平治都功印
江西省博物馆藏元代张天师龙纽白玉印

今四川省彭州市阳平山上，传说张陵曾在此地接受太上老君教化，设立二十四治，其中以阳平治、鹿堂治、鹤鸣治最为重要。阳平治为各治之首。

宋代白玉蟾著《赞历代天师》其二"嗣师"条，这样称赞张衡：光和初载大丹成，有甚工夫事汉灵。夜半玉舆飞紫露，春风春雨满阳平。诗中形容张衡之教化，犹如春风春雨一般，遍布治地，无声地滋润着世道人心。

元代赵道一撰写的《历世真仙体道通鉴》中，似乎有意将张衡与汉代著名的文学家、科学家张衡相混淆。史学家裴松之认为倡行太平道的张修可能就是张衡，但这种说法并未得到大众的认可。也有学者考证认为，张衡很可能在张陵逝世的第二年就随父而去，其亡故时间

几乎与张陵重合，所以并没有太多事迹载于史籍。

此外，《历世真仙体道通鉴》中还记载了张衡的妻子卢氏与女儿张玉兰的事迹。《三国志》《后汉书》中俱提及了"张鲁母"。《三国志·刘焉传》载："张鲁母始以鬼道，又有少容，常往来焉家，故焉遣鲁为督义司马，住汉中，断绝谷阁，杀害汉使。焉上书言米贼断道，不得复通……"[1] 又《后汉书·刘焉传》云："沛人张鲁母有姿色，兼挟鬼道，往来焉家，遂任鲁以为督义司马……"[2] 由于这两段暧昧不清的描写，许多人认为张鲁母或与刘焉别有故事。

清代梁章钜撰《三国志旁证》中引清代何焯的观点，认为范晔有意将《三国志》中的"少容"改为"姿色"，其目的是丑化张鲁。"少容"本义指驻颜有术，这些文字是在说明张鲁的母亲确系有异术之人。

---

[1] 陈寿：《三国志》卷三一，中华书局，1964，第867页。
[2] 范晔：《后汉书》卷七五，中华书局，1973，第2432页。

3　系师张鲁

张鲁（？～216）的身份比较特殊，他是"嗣天师"张衡的嫡长子，既是道门领袖，又是雄踞一方的政治首领。据《三国志·张鲁传》记载：张鲁，字公祺，沛国丰（今江苏丰县）人，其祖父为张陵。张陵客居蜀地，在鹤鸣山中学道，"造作道书以惑百姓"。从张陵学道者，需要缴纳五斗米，所以世人称其为"米贼"。张陵去世以后，他的儿子张衡继续道业，张衡死后，张鲁复又继承祖业。

东汉末年，益州牧刘焉（？～194）任命张鲁为督义司马，此官职为刘焉创立，位阶低于将军，职能为领兵作战。刘焉责令张鲁同别部司马张修共同领兵攻打汉中太守苏固。时人称张修为"巴郡妖巫"，因为他凭符水给人治病，病人康复以后需要以五斗米谢之，故人称修为"五斗米师"。但张鲁却在半道上将张修杀死，并收编了张修的部众。刘焉去世以后，他的儿子刘璋即位，但"刘璋暗弱"，不能服众，故张鲁常怀异心。后来，刘璋以张鲁不顺从为由，诛戮了张鲁母亲一家。

张鲁在蜀中以"鬼道"教民。凡是来学道的人，最初都被称为"鬼卒"，待接受道法以后即被称为"祭酒"，管理较多部众的统领又被称为"治头大祭酒"。张鲁之道，教育人们以"诚信不欺诈"为本。若有道众得病，不用吃药，只需自行忏悔过错即可痊愈。祭酒们还在治内修建义舍，类似于供旅客或传递公文的驿吏歇息的亭传。义舍中"悬置米肉"供过路者食用，行路者根据自己的食量取用，若取之过多则会受"鬼道"之罚，被各种疾病缠身。犯法者可以有三次被原谅的机会，若不悔改，也要遭受"鬼道"之罚。张鲁治地不设长官，民众皆以祭酒为尊，无论汉夷，一视同仁。张鲁以此法统治巴郡、汉中约三十年。

裴松之对当时混乱的信仰状况做了比较详细的描述。汉灵帝中期，四方"妖贼"兴起。骆曜盘踞三辅地区（约在今山西中部），张角势力兴于东方，张修则在汉中广泛活动。其中，骆曜教授民众缅匿法（隐身术），张角奉行太平道，张修奉行五斗米道。

太平道的传教方式是由"师"手持九节杖，教导病人通过叩头悔过、饮符水等疗疾。若病人通过这些方法得以治愈，则表明此人信道，反之则为不信道。张修的传道方法与张角类似，所不同者在于，为病人请祷时，需要居住在专门供信士弟子清修、礼神、悔过的静室里面，还设立了名为"奸令祭酒"的职位，专门教授道士《道德经》。"奸令"负责为病人祈请、祷告。请祷之法是先将病人的姓名和悔过服罪之意写成三份文书：一份放在山上，譬喻上呈天界；一份埋到地下，表示下告幽间；一份沉到水中，表明转达水官。以上三份文书即称为"三官手书"。得病的人若想要通过这种方式解除病痛，需要缴纳五斗米以为资酬，所以张修又被称为"五斗米师"。

后来，张角病死，张修也亡故，张鲁则在汉中继续传道。是时，民众对张鲁颇为信奉，张鲁亦在张修的基础上广兴义舍，悬置米肉于其中，笼络过往的行人。张鲁教导百姓自行度量过失，若犯有小过，当修路一百步，则罪过自销。他还依据月令，制订了春夏禁杀、禁酒等措施。凡有外地流民想要寄居在此的，就必须遵奉张鲁的制令。

裴松之认为，张修等人的做法并不能对治愈疾病有实质性的贡献，只是一些民众昏聩愚昧，才被此说蛊惑。由于陈寿、班固、裴松之等俱是史官出身，他们自然对早期道教中混杂的传统巫术色彩缺乏好感，所以在记述中常常直白地以"贼""淫妄"等词语来形容五斗米道。但同时，他们也肯定了早期道教对民众的劝善和教化作用。

东汉末年，魏武帝曹操征伐张鲁未能成功，只得封张鲁为汉宁太守，责令其把守汉中。此时，有本地居民在地下挖出一枚玉印，人们认为这是祥瑞之兆，于是张氏部众皆鼓动张鲁自立为王。

曹操汉中破张鲁
清初刊本《三国志像》绣像

张鲁的侍臣中有一位谋士名叫阎圃，他劝谏张鲁应当安民自守，不可轻动自立之念。他给出的理由是，汉川之地物阜民丰、地形险固，张鲁若欲辅佐君王则可以成为春秋霸主齐桓公、晋文公那样的人物，若要功成思退也可以成为窦融那样的名将，一生荣宠富贵、据境自保。但如果张鲁称王，则必定失去这些优势，甚至可能为曹操所灭。所以他深劝张鲁不可轻易自立。

张鲁听从了阎圃的建议，始终据境自保。但后来汉中发生叛乱，一时间关西民众大批向外奔逃。建安二十年（215），曹操亲自领兵征讨阳平关，张鲁意欲降曹，但他的弟弟张卫誓死不降。张卫举汉中士卒数万人坚守，最终被曹操攻破阳平关。张鲁听说阳平关陷落，意欲再次降曹，又被阎圃阻拦。阎圃认为，当下张鲁势力衰微，若轻易投降，必被曹操轻视。不如遣将拒敌，待战事胶着之际，再遣人与曹操商讨投降事宜，必能得到曹操的重视。张鲁再次遵循阎圃的建议，暂且向南山奔逃，进入巴中（今四川东北部）。张鲁的部众想要把住地的财物尽皆焚毁，被张鲁极力制止。他知道最终还是要回来，所以就将财物全部封藏起来。

曹操进入汉中以后，对张鲁的做法非常满意，又得知张鲁本就有投降之意，就派遣特使前往劝慰。张鲁于是举家投降，曹操封其为镇南将军、阆中侯。张鲁的五个儿子和阎圃也都被封侯。张鲁死后，又被追谥为"原侯"。

张鲁在势大力足的时候没有选择汉中称王，而是甘为曹操做边陲守将，故在混乱危险的世道中保全了富贵。裴松之认为，张鲁数次"能称王而未称王"的行为与阎圃的劝谏是分不开的。故曹操在封赏时也将阎圃列为侯爵，就是要告示天下：忠则恩赏，叛则严罚。同时，裴松之也表示，张鲁虽有善心，但他终究是由于战败才归降，后来得到这么大的荣宠，实在有些过头。

东晋史学家习凿齿则认为，曹操册封张鲁、阎圃的做法是十分明智的。他说：赏罚的目的在于惩恶劝善。因为阎圃劝说张鲁不要称王，所以得到了曹操的封赏，后来之人必将以此为鉴，停止征战、一意归顺。习凿齿将曹操封赏张鲁、阎圃等人的做法称为"塞其本源而末流自止"，曹操以张鲁为表率，封赏归降者，促使其他自立者放弃兵刀、依附归降。

更进一步说，若群雄逐鹿必然造成兵战不止，兵征迭发则必然使民不聊生，下层民众又何尝不畏惧战争、渴望和平？所以，习凿齿认为曹操的做法可谓"知赏罚之本"，通过政治上的赏罚手段消弭兵战，能比肩汤武治世之德。因于此，陈寿最终对张鲁的评价也是比较高的。

他认为兵战必定带来覆巢之厄,似张鲁等人主意归降,可"去危亡、保宗祀",不仅保身,亦以保民,功在社稷、利在千秋。

白玉蟾《赞历代天师》对张鲁的赞语为:笑把铜章尹汉中,隐山斗米显神功。魏兵四畔临河岸,弹指波心万丈峰。这首诗刻画了一个穿梭于道教和政坛云谲波诡的环境之间,谈笑自若、雄踞一方的豪雄形象,正是张鲁一生的写照。

二 抱朴仙翁：葛洪

2015年10月5日，来自中国的药学家，85岁的屠呦呦获得诺贝尔生理学或医学奖。在颁奖典礼上，屠呦呦发表了《青蒿素：中医药给世界的一份礼物》的演讲。其中谈到，她受到葛洪《肘后备急方》有关"青蒿一握，以水二升渍绞取汁，尽服之"记载的启发，发现了治疗疟疾的新药物。《肘后备急方》是由东晋初高道葛洪编集的医方集成。葛洪不仅在医学上有杰出贡献，更重要的是，他推动了魏晋时期的道教转型，是魏晋"神仙道教"和"丹鼎派"的主要缔造者。

1 儒道兼修

葛洪像
美国圣迭戈艺术博物馆藏明代彩绘《明孝康张皇后箓职牒图卷》（局部）

葛洪（约281～341），字稚川，丹阳句容（今属江苏句容）人。葛洪的祖父葛系曾任吴国大鸿胪，主掌宫廷祭礼。葛洪的父亲名葛悌，吴国灭亡以后官拜晋邵陵（今湖南邵阳）太守，葛洪为葛悌的第三个儿子。

葛洪的从祖是葛玄（164～244），东吴时学仙成道，世称葛仙公。传说，葛玄曾在会稽山得仙人徐来勒传授《三洞真经》和金丹秘术。葛玄升天后，将所得经书"一通传弟子，一通藏名山，一通付家门子孙"。葛玄将他的炼丹秘术传授给了弟子郑隐，将一些灵宝经书传授给了自己的儿孙。

葛洪年少时以儒学为业，颇有才名。

13岁时，葛洪的父亲故去，家道中落。他时常入山砍柴来贴补家用，到了夜晚才有时间抄写、习诵经典。所以直到16岁时，葛洪才开始读《孝经》《论语》《诗》《易》等儒家基础典籍。

葛洪自言其少年时，因为家境贫寒不得名师指点，所以一直孤陋寡闻、见识短浅。但他喜好读书，上至经史百家之言，下至短杂文章，无不涉猎。他尤其喜好神仙导养之法，时常四处搜寻道书、拜访高道，虽跋山涉水亦不辞劳苦。时值战火，许多经典书籍都散佚了，葛洪农事闲暇无书可读，只好四处借阅、抄写。

葛洪17岁时，拜当时之名士郑隐为师，兼修儒道。郑隐本为大儒士，晚年好道，是葛玄的弟子。虽然葛洪谦虚地说自己"意思不专、俗情未尽，不能大有所得"，但郑隐儒道双修的特质还是深深影响了他。他将郑隐传授的经典和自己收集的经书结集，数量多达二百余卷。

西晋太安二年（303），蛮族首领石冰作乱。当时的吴兴（今浙江湖州）太守顾秘为义军都督，受命兴兵讨伐叛逆。顾秘知葛洪兼有文武之才，故请他募集兵士，前去平乱。葛洪奉命攻打石冰的协同部队，破敌之时，贼寇残留的珍宝堆积如山。别部将士们一时间抛兵解甲、哄抢财物。葛洪以军法约束部众，不可轻易行动。果然，士兵哄抢财物时，埋伏的叛军突然杀出，士兵死伤无数。葛洪的部众重整旗鼓，力挽狂澜，袭杀了叛军主帅。葛洪被封为"伏波将军"。

石冰之乱平定以后，葛洪并不在意军功封赏，而是径直前往洛阳搜求异书。但当时北方陷入"八王之乱"，道路都被封阻，江东之地又有叛军作乱，导致北道不通、南归阻塞。恰有故人嵇含为广州刺史，葛洪于是乞请出任嵇含的参军，前往广州暂避战乱。后来嵇含被杀害，葛洪滞留广州多年。

在这期间，葛洪向南海（今广东）太守鲍玄（靓）习学谶纬秘术。

鲍玄通过占卜得知葛洪必有修业，遂将自己的女儿许配给葛洪为妻。葛洪得鲍玄之学，被授《三皇内文》等经书。

后来，葛洪返还家乡句容，当地的权贵想礼聘葛洪入其麾下，但葛洪不肯与他们结交。葛洪说：荣华富贵乃系累积而成，不可乎骤得。追求富贵的过程又充满坎坷、劳人心神，即使拼尽全力挣得一身荣华，一旦大祸临头，又不可挽留。显赫的名望、荣宠的富贵到头来也只是昙花一现、须臾即无。名位累人，不如登名山、修仙道，益寿延年。

葛洪认为，人们入山中修行，并非山林之间藏有上道，而是入其中可以远离喧哗，使人心不生乱。身在尘俗之中，虽能洁身自好，但世事扰攘，总是不能专一为事。所以，他立志入高山寻访神仙旧迹，整理先前写就的著述。

葛洪虽不愿出仕为官，但由于他早年曾有平叛之功，故新建立的东晋朝廷追赐其"关中侯"爵位。晋成帝初年，司徒王导召葛洪补职为州主簿，又进一步提拔他为掾、谘议参军等职。时有大臣干宝与葛洪亲厚，他认为葛洪之才可堪经史之用，遂请选其为散骑常侍，即皇帝的顾问，又为大著作郎，专掌文史之任。但是葛洪自认为年齿已老，急于继续金丹事业，求取长生之道，所以坚决不肯就职。

听说交趾（今越南北部）之地盛产丹砂，葛洪便向皇帝请职为句漏令。但皇帝觉得葛洪年纪太大，不愿他再入边陲，故未准其奏。葛洪直言此行非为荣禄，而是由于此地盛产炼丹的原材料，皇帝这才准许。

葛洪于是带着亲眷一并上任，行至广州。广州刺史邓岳以边地险远为由苦苦留之，葛洪只得留在广州，入罗浮山（今广东博罗县）炼丹。邓岳上表推荐葛洪为东官（今广东中东部）太守，葛洪不就。邓岳又将葛洪的侄子葛望提拔为记事参军。葛洪在罗浮山隐居多年，悠游闲养，著述不辍。

东晋兴宁元年（363），葛洪在家中端坐而逝。葛洪将他收集的灵宝经书传给弟子和从孙葛巢甫，后者大量编写和宣扬灵宝经书，使教风一时大盛。

葛洪一生勤奋著书。他认为修道之人鲜有"弘博洽闻"者，而多"臆断妄说"之众。许多想要修道的人常常苦于无法可依、无迹可循，以至于偏听偏信妄言邪说，最终误入歧途。葛洪不认为修行之法需要珍藏、密授，闭塞、隐秘的修行并不能全面阐发大道之玄远，故他更愿意为好道者细致阐释道理，让他们自行体会和感悟。

当时儒学之士但知尊孔信礼，时常取笑修仙之事、毁谤神仙之书。这是因为道教内部没有一个专门和系统的经典来论证修行事业。所以葛洪撰成《抱朴子内篇》，专门论述神仙、金丹等修行之事，又作《抱朴子外篇》专论名词事理。

葛洪修书之目的不在于同世俗之人争竞有无，而是为了阐发修行之道和长生之理。虽然很多修行秘语一时之间无法用语言表述，但他仍希望给好道者提供一个深思和探索的蓝本，为信者授道解惑，阐发一家之言。

"抱朴"之名，来源于当时人对葛洪的评价。葛洪从来不认为自己是一个天赋异禀、超迈绝伦的人，他更看重志坚意笃、勤学不辍的品质。葛洪这样形容自己：志性疏劣、言语木讷、形貌丑陋，时常衣冠不洁、衫袜褴褛，但并不刻意装饰打扮。他惯于守常，不随波逐流，言语实在，绝不对人嘲笑戏谑。如果意识到言语中有议论旁人是非的意思，就终日不再说话。身边的人都认为他是一个"抱朴"之士，"抱朴"意为"抱守朴素、性拙守静"，所以葛洪在著书时常以"抱朴子"为号。

除了《抱朴子》内、外篇之外，葛洪还撰有碑文、诔文、诗赋等

（明）郭诩　《葛仙吐火图》
上海博物馆藏

百余卷,檄文、章表等三十卷,神仙、隐逸传各十卷,又抄写五经、史、汉、百家之言、方技杂事等三百一十卷,《金匮药方》一百卷,《肘后备急方》八卷。可见,葛洪毕生涉猎广泛。他虽笃好神仙之事,但并非臆断妄言之人,在他身上还兼具着史家和儒家考镜真实、追求效用的特质。葛洪也称自己"忝为儒者之末"。

史书中对葛洪的评价也是非常高的。如《晋书》中形容他"博闻深洽,江左绝伦",更兼其著述甚多,认为其可比肩史学家司马迁和班固。书中又将葛洪与名士郭璞（276～324）进行比较。郭璞也是一时之奇才,被视为文学宗师。但他骋才傲世,常常卖弄自己的怪神技艺,虽有高迈才情,却被卷入世权争竞之中,为王敦所杀。而葛洪急流勇退,至晚年更是老而忘倦,但知著书立说、超然世外。人们认为葛洪这种安贫乐道、与世无争的做法,才是最好的"全生之道"。

2 仙道可致

葛洪的神仙理论主要体现在《抱朴子内篇》中。该书计20篇,依次为《畅玄》《论仙》《对俗》《金丹》《至理》《微旨》《塞难》《释滞》《道意》《明本》《仙药》《辨问》《极言》《勤求》《杂应》《黄白》《登涉》《地真》《遐览》《祛惑》。葛洪对求仙成道的理解和实践可以用一个词来概括,那就是"仙道可致"。

长生成仙是道教修行的根本目标,但成仙之事却时常受到人们的质疑。譬如道教中的"尸解仙",意为"假形示死而仙去",即道士死后,人们将其尸身埋葬,一段时间以后,人们发现道人尸身不见,只剩下一根竹杖或一柄剑,而真身早已远遁而去。由于其类似不可考证、不可理解、不可认知的理论,道教一度被认为是荒巧异数之门。

对此,葛洪提出了一系列的论证,试图说明成仙之事的合理性。他说:夜不出户的人永远不会知道夜路上是否有行人,不能成仙的人又如何能知道天下之山川密林中,是否隐居着修行的神仙呢?阴长生(道教人物)服下神药,虽然未能升天,却可与仙人优游、参见,这是典籍中明确记载的神仙例证。世俗之人常常不以为然,认为自己看

（元）王蒙　《稚川移居图》
北京故宫博物院藏

不见的东西就不存在，这其实是很悲哀的。那些隐居在山野草泽中的逸士，他们心怀高迈情怀，虽博知经典却不炫耀文采、不张扬名声、不广交世俗朋友。这样的人我们尚且不能知道，更何况是那些超凡入圣的神仙呢？

葛洪广泛搜集各类书典，披览众经之后，认为修炼和服食"还丹""金液"，是最重要的成仙途径。葛洪所谓的"还丹"，特指道教外丹术炼制的丹药，亦称"金丹"。经现代学者考证，"丹"即丹砂，化学成分为红色的硫化汞。用现代的化学知识来理解，就是将红色的硫化汞（丹砂）加热，使它分解出汞，而汞加硫黄又能生成黑色的硫化汞，再将黑色的硫化汞隔绝空气进行加热，又能变成红色的硫化汞晶体。炼丹家通过观察丹砂颜色的变化，认为这种经过淬炼以后返还本质的特性，能令老者返壮、死者复活、枯者再荣。

葛洪认为，黄金可以入火百炼而不销、入土经年而不朽，如果人能摄入黄金，或服食黄金炼成的丹药，则可以继承黄金的属性，能不老不死。他将这种逻辑总结为"假求于外物以自坚固"。人吃五谷杂粮来维持生存，而金丹作为"上品神药"，其裨益于人体更甚于五谷。他列举油脂可以助火势、脚上涂铜锈可以入水不烂等事例，认为这些都是人体借助外物之力量来固化自身的表现。而且，铜锈、油脂还只是外在涂抹，若金丹注入身体，与身体合一，其效用更比油脂、铜锈远甚。

基于上述思想，葛洪通过观察草木与金石的属性差异，认为草木本身并不具备"长久"的特质。草木自身也会朽坏，不能经历水火的淬炼，所以人服食草木药不能长生成仙。而"金液还丹"的特点除了不腐不朽之外，经过锤炼之后，还可以不断地还原或转化，"烧之愈久，变化愈妙"。这与老子追求的"反者道之动"不谋而合。

除了炼制金丹，葛洪对入山访道也极为看重。他说："山无大小，皆有神灵，山大则神大，山小即神小也。"[1] 古人很早就将山泽与仙界联系在一起，乃至将山岳视为登天的阶梯、灵魂的归宿。这可从"仙"字的偏旁构造及含义训释中得到印证。如《释名》云："老而不死曰'仙'。仙，迁也，迁入山也，故其制字，'人'旁作'山'也。"[2] 又《说文解字·人部》训曰：仙，长生仙去……仚，人在山上貌。道教自汉末兴起以来，始终秉承古老的方士传统，坚守弃世脱俗的理念，不断掀起入山寻仙找药的风潮。

葛洪年少时即喜好方术，常常亲自涉足险远、寻仙访道。俗语常说"太华之下，白骨狼藉"，所以他非常注意入山之法，认为若"入山而无术，必有患害"。他撰写的《抱朴子内篇·登涉》是博采秦汉以来入山方术的集大成者，系汉晋之季江南地区道教与方技融合的杰出代表。

葛洪《登涉》篇，对道门羽士及世俗中人登涉山泽时将会遇到的诸多问题，均有论述，并有针对性地介绍了一些防御性措施和法术，其内容涉及山的选择、择日术、必备物品、隐身术、知鬼名、辟蛇术、

---

[1] 葛洪：《抱朴子内篇》卷一七，《道藏》第28册，文物出版社、上海书店、天津古籍出版社，1988，第235页。
[2] 任继昉：《释名汇校》卷三，齐鲁书社，2006，第152页。

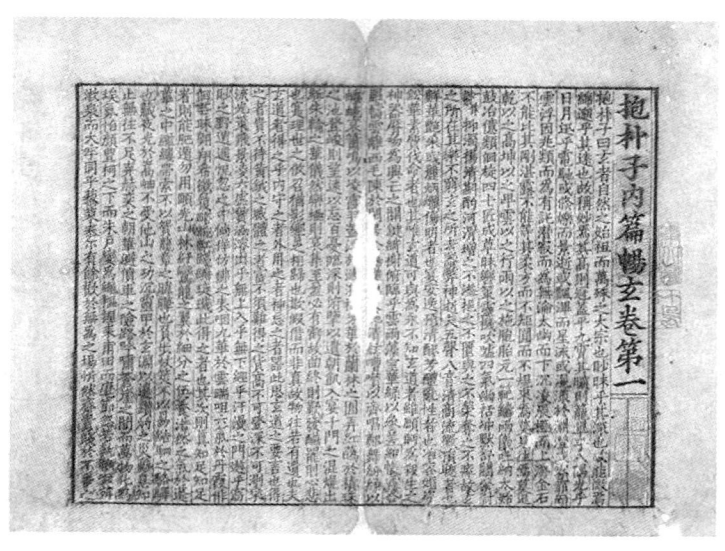

南宋刻本《抱朴子内篇》
辽宁省图书馆藏

辟毒术、涉水术、辟鬼术、夜宿山林辟虎狼之术等。

透过这篇道门文献，我们可以清晰地看到方术与道术融合的情况：早期道教在江南传播时不可避免地进行了"在地化"调整，即引入当地土生土长的方士集团的技巧、原理及观念传统，由此导致了教门内外出现两种倾向——道士的方术化、方士的道术化，进而推动了道术与方术这两种原本界限就不甚明显的派别（集团）在江南地区碰撞、磨合，在冲突与协作中各取所需、取长补短，借此奠定了后世灵宝道派法术的基本格调。

就《抱朴子内篇》中的相关记载来看，葛氏道较少受到五斗米道（又称天师道，汉晋时盛行于巴蜀地区）及太平道（汉末流行于北方地区）

的渗透和影响，反而与江南方士传统有千丝万缕的联系。有鉴于此，某些道教研究者（尤其是欧美学者）将葛氏道称作"方士道教"。从《登涉》篇所见的入山方术情况来看，这些方术大多属于被动防御性的，其中绝大部分虽然经过道教化改造，被赋予了宗教神学的外衣，但其操作程序及行事理念都还完好地保留了方士集团的传统印记。

葛洪创立的神仙道教，尽管以走上层路线为宗旨，试图摆脱原始道教的巫术色彩，不断提高思辨水平，却难以彻底摆脱江南方术的套路。推究其因，不外乎两点：其一，汉晋之季道教处在发展阶段，尚未建立起一套成熟的神学理论体系及道门法术系统，自身的理论匮乏促使一些高道不得不从教外的方术、巫术及民俗中寻求可资借鉴的文化资源及实践手法，当然也包括吸纳由原始的自然崇拜、图腾崇拜、祖先崇拜和灵魂崇拜发展而来的民间神祇信仰。其二，汉晋时期江南各地活跃着力量强大的方士团体，这些行走江湖的方士、术士以其独特的生存方式扎根于社会中下层，发挥着重要的影响力。他们拥有极为广泛的信仰基础，全面地介入民众日常生活的诸多领域（如居宅、婚嫁、出行、驱邪、医疗、丧葬等），方术传统及观念在当地土著居民中可谓是根深蒂固。

尚处于幼年时期的道教随着西晋以来汉人的数次南渡迁徙而传播到江南，在陌生的地域环境、风土人情和人文背景中，道士们所面临的首要问题就是如何打开市场、吸引信徒，如何诠释教理并为人们所接受。作为外来者的道士们及外来文化的道教，只有逐步克服和消解本土信仰的惯性，才能与当地固有的方士集团抢夺资源、信徒和发展空间。鉴于上述现实状况，东晋初江南道士最为明智的办法恐怕只能是改造和利用旧有的方士集团的话语系统来阐释"先进"的、"外来"的神仙理论。

葛洪还认为，求长生、修至道的要诀不在于是否出身富贵，而在于是否树立坚定笃实的志向。学仙之枢要在于涤除嗜欲、恬愉淡泊，显位高名、荣华利禄反而会成为修行路上的障碍。譬如，帝王"任天下之重责，治鞅掌之政务；思劳于万几，神驰于宇宙。一介失所，则王道为亏；百姓有过，则谓之在予"[1]，如此案牍劳形、思虑万千的生活方式注定无法淡泊身心、修真体道。帝王的责任在于安定天下、为民谋福，他们虽然不能升仙得道，但并不影响其成为一个世人敬仰的君王。

而葛洪自己的状况又是怎样的呢？他说自己只是山野中的一个俗人，家徒四壁，不慕荣禄。内无杂念扰乱心神，外无荣华诱惑心智。在这样清贫寡淡的环境下，可以成为修真养性的道士，却不能成为帝王一般的人物。葛洪强调，自己的先祖虽然也经历过显赫，但他自己却无意仕进，故弃荣华、入远山、著书、炼金丹、求长生。这样的做法势必会招来世人的非议，但"仙道"与"俗道"不可兼得，若有志于仙，必定要放弃繁杂"人间之务"。

最后，屠呦呦的演讲让我们认识到了葛洪的医学贡献，此处略作补充。葛洪少年时体弱多病、家境贫苦，故他始终认为养生的本质就是"不病"。若人能服药、行气、朝夕导引，使身体气血通畅无有壅塞，再辅之以房中术、节饮食、不强为事，则可以不病。但一般的人无法做到这些，他们"志不得专，所修无恒，又苦懈怠不勤"，必然会滋生疾病。如果仅有修道之心，却不注意养生之道，致使身体受损，其寿命也必不能长久。所以葛洪强调，"古之初为道者，莫不兼修医术，以救近祸焉"。一些妄信邪说的道士自以为掌握了修行要义，既

---

[1] 葛洪：《抱朴子内篇》卷二，《道藏》第28册，文物出版社、上海书店、天津古籍出版社，1988，第175页。

不关心治病方法，又不能断绝俗念、独身幽居，生病了只知乱用土方，不能针对疾病做出应对措施，反倒不如俗常之人以汤药疗疾更有效。

同时，葛洪也非常鄙视那些以医药牟利的人，他认为俗世中的医生多是承袭祖业、有名无实，所为不过虚名、财利。医术高明的医生本来就少，仅有的这些人又常常以利为先，很容易贻误最佳的治病时机，最终使小病入骨转成大病。而一些紧急疾病，又会面临远医难解近祸的状况。所以葛洪鼓励人们自备医方，自我疗疾。

他毕其一生，编撰了百卷《玉函方》，分别病名、辨析病种，所载医方皆简约易行，所需药材也十分常见，是为中医史上的重要典籍。

三 新出天师：寇谦之

北魏寇谦之是一位具有传奇色彩的道门领袖，是南北朝时期北方天师道的重要改革者。寇谦之自称，太上老君降授其"新出天师"之位，并授命清整天师道旧道法。在北魏统治者的大力支持下，寇谦之推行了一系列改革措施，加速了道教向官方化转型。

1 修道之路

据北齐魏收撰《魏书·释老志》记载,寇谦之(365～448),字辅真,上谷昌平(今属北京)人。南雍州(今湖北枣阳市)刺史寇赞之弟,自称为东汉开国名将寇恂的十三世孙。

寇谦之少年时修行天师道术,常年服饵食药,但收效甚微。后来遇到一位名叫成公兴的人,此人本为寇谦之姨母家的佣工,寇谦之见他形貌不凡、精力充沛,就让他为自己做使役。

一次寇谦之推算"七曜"的运行规律(古代天文星占的一种)时,总不能理出头绪,心情十分郁闷。成公兴前来询问,寇谦之回答说:我学习天算很多年了,近来用周髀算术推演"七曜"却不能契合,所以很郁闷。

没想到的是,成公兴为之重新排布序列,一下子就把问题解决了。寇谦之大为叹服,这才意识到成公兴其实是一位深藏不露的世外高人,遂决定拜他为师。令人意想不到的是,成公兴不仅不肯接受寇谦之的请求,反而要求拜寇谦之做师父。

不久以后,成公兴问寇谦之是否愿意随他另选一处地方隐居,寇谦之欣然答应。斋戒三日以后，寇谦之随成公兴一起入华山修炼。成公兴安排寇谦之住在石室之中，自己外出采药，回来共同服食。后来成公兴又携寇谦之入嵩山，遇见一处三重石室，寇谦之在第二重石室中修行，成公兴住在第三重石室。

一天，成公兴对寇谦之说：我出去后，会有人拿着药来到石室，你不需询问缘由，只要吃下去就行了。没多久，果然有人带着药前来，但都是些毒虫臭恶之物，寇谦之惶恐不敢食用。成公兴回来以后得知结果，叹息说：先生终究还是难以成仙，但是凭你的根器，却可以做"帝王师"。

成公兴侍奉寇谦之七年后，对寇谦之说，他将会在次日正午离去，届时会有人前来迎接，请寇谦之为他沐浴。成公兴又交代一些事宜，便进入第三重石室内坐化。果然第二天中午，有两个童子持法服、钵盂和锡杖前来。寇谦之引童子至成公兴的石室，却见尸体忽然坐起，穿衣擎钵，持杖而去。

据说，当时京兆灞城（今陕西西安市内）有一人名王胡儿，他的叔父死时，叔父的魂魄曾引领王胡儿至嵩山别岭。胡儿见岭上有金屋华堂列布，其中一处馆阁尤其珍丽，馆额题名"成公兴之馆"。王胡儿叔父说：这是仙人成公兴的道馆，因为成公兴曾经大火烧了七间屋，被贬谪做寇谦之的弟子七年。原来是寇谦之精诚感天，故得此师徒缘分。现今成公兴七年谪限已满，故升仙而去。

此后寇谦之一直在嵩山隐修、精纯专一而不懈怠。据道门典籍记载，北魏神瑞二年（415）十月，太上老君下降至嵩山山顶，对寇谦之说，自张道陵羽化以后，世上行善慕道的人就失去了良师引导，听闻寇谦之德才兼备、行合自然，特来观察。今见寇谦之的品行确如所闻，故授其天师之位，赐下《云中音诵新科之诫》二十卷，请他代为宣科，

太上老君传道图
中国国家图书馆藏明抄彩绘《御制全真群仙集》

清整道教。太上老君又告诫寇谦之说:大道之体清虚纯良,学道之士应"专以礼度为首,而加之以服食闭练"。寇谦之日益修习服食、导引等法诀,渐渐气盛体轻、颜色姝丽。

北魏泰常八年(423)十月,有一位"牧土上师""牧土宫主"的李谱文来到嵩山。他自言是太上老君之玄孙,遣弟子宣教至此。李谱文赐寇谦之"太真太宝九州真师""治鬼师""治民师""继天师"四级法箓,以及"天中三真太文箓"。李谱文所赐经箓六十余卷,内容涉及坛位、礼拜、衣冠等不同的等级品秩和仪式元素,又被称为《箓图真经》。这些经本多为古文鸟迹,用篆书、隶书混杂写成,但辞义简约、行文委婉,大多遵循世俗礼法。除了经书文字之外,李谱文还传授寇谦之销炼金丹、云英、八石、玉浆等的诀要仙方。

北魏太武帝（408～452）初年，寇谦之携书谒见天子，太武帝令其居住在尚书府。当时朝野上下对寇谦之多有质疑，唯独司徒崔浩（381～450）笃信其言，以师礼待之。崔浩上书太武帝说：自古圣主在世，常有异象发生，今有清德隐仙不召自至，乃是陛下德感上天的结果。太武帝大喜，让使者奉玉帛和牺牲祭祀嵩山，并召请寇谦之在山中的其他弟子。

由于太武帝的支持，寇谦之得以将"新道法"宣布天下，并全力推行，使道业大行于世。崔浩对待寇谦之更是礼敬有加，他帮助寇谦之在京城东南方向构建天师道场，将寇谦之的四十多位弟子安置其中，又遵新经仪制，修造五层重坛，拨给道士百余人，令他们举行庄重的道教仪式，昼夜上香礼拜。

后来太武帝意欲讨伐胡夏皇帝赫连昌，受到朝臣的谏止，于是向寇谦之问卜。寇谦之回复：此战必胜，且陛下乃系神武应世，当以兵定九州，后文先武，做"太平真君"。太武帝遂改元"太平真君"，并敕令修建静轮天宫。太平真君三年（442），寇谦之奏请太武帝受符箓，以彰圣德。太武帝于是亲至道坛，受符箓、备法驾，树青色旗，一切威仪皆从道家。自此，北魏的历代帝王即

北周天和五年（570）《郭始孙造像碑》
此拓本镌刻有寇谦之图案及"继天师寇谦之"字样。

位之时,皆遵奉此礼。

太武帝的长子拓跋晃认为寇谦之督造的静轮天宫高绝通天,劳民伤财、工期漫长。于是建言太武皇帝:人天两途,高卑各定,寇谦之想要以这种无休止的工程来证明一个幽邈难说的事情,乃是徒费劳力,若信其言,还不如径上高山之巅直接与神仙对话。太武帝深以为然。但由于崔浩的坚持,加之工程已然开始并投入甚大,太武帝也只好无奈叹息说:我也知道这种事情成功的可能性并不大,但工程既然已经进行了许久,又何必介意再多等几年呢。

寇谦之也知晓静轮天宫的建造难度,他曾对弟子说:"及谦之在,汝曹可迁篆。吾去之后,天宫真难就。"[1] 这句话应有两重意思:一是说自己去世后,弟子会失去师父的引导,难成仙道;二是喻指静轮天宫的工程很可能会因为自己的离世而停滞。

太平真君九年(448),适逢厨会(古代道教信众的例行集会)日,寇谦之在师座前布置了两个席位,言及当日会有仙官下降接引。是夜,寇谦之羽化。徒弟们见到他口中喷出青气,状若云烟,半天不散,认为他尸解而去。

以上是《魏书》中对寇谦之生平的记录。当代史学家陈寅恪先生认为,寇谦之的"之"字应与六朝时天师道的信仰有关。六朝时人多用单字,后缀"之"字并非特定的真名,可以不避讳。这种用例通行于祖父与孙、父与子、同辈兄弟中,典型如王羲之、王献之父子。寇氏一族原本就是汉中大族,世奉天师道,后因曹操"徙张鲁徒众于长安及三辅"的政策,这才迁居到冯翊(在今陕西省境内),也就是寇谦之少修张鲁之术的来历。

---

[1] 魏收:《魏书》卷一一四,中华书局,2000,第3049页。

纵观寇谦之的人生经历，我们不难发现，有两个人、两件事在他弘道的过程中发挥了巨大的作用。两个人即成公兴和崔浩，两件事即遇仙太上老君和李谱文。寇谦之的两次遇仙和接仙，使其见授老君真经以及"天师"之号，成为太上老君（或称"正统道教"）在人间的唯一代言人。成公兴和崔浩则引导寇谦之悟道登仙，辅助他弘道宣法，成为寇谦之在不同阶段的引路人。此外，寇谦之的成功也离不开太武帝的支持。

2　因缘际会

与寇谦之互为师徒的成公兴的身世背景史料阙如，其真实身份扑朔迷离。不过，值得注意的是，同时代以阴阳术数而闻名的殷绍称，他在伊川（今河南伊川县）偶遇"游遁大儒"成公兴，赖其推荐而至沙门释昙影处求教《九章》之学。

据殷绍《四序堪舆》记载，他曾于姚氏后秦时期（384～417）游学伊川，偶遇成公兴，随其学习《九章》。据殷绍所载，成公兴字广明，自称胶东（今山东青岛）人，常在山中隐居，少来人间行走。成公兴又带殷绍至阳翟（今河南禹州）九崖岩拜见和尚释昙影，后成公兴离开，留下殷绍在释昙影处学习《九章》。

从这段记载我们可以看出，成公兴与殷绍是同时代的人，成公兴应该比后者年长。姚氏后秦时期，他曾在伊川一带活动。他精通九章要术，在天文历算方面也颇有建树，并为"少聪敏，好阴阳术数，游学诸方，达《九章》《七曜》"的殷绍所钦慕。

那么，为什么成公兴不亲自教授殷绍，反而舍近求远地推荐他到南方的释昙影处学习？这或许与成公兴"山居隐迹，希在人间"的行为方式有关。学习天文算学必须花费大量精力,耗时甚久,需要有一定的物质保障(如居住场所、饮食供给等),这恐怕是成公兴不具备或不愿被此束缚的原因所在。

有鉴于此,成公兴因势利导地将殷绍推荐到释昙影处,不失为一种明智的选择。同时可以看出,因为这位成公兴交友广泛,与有学问的僧人来往密切,所以能领着殷绍径直前往释昙影处学习《九章》,自己"北还"。

中岳嵩高灵庙碑

此碑传为寇谦之所书,是我国道教立碑之祖。

在《魏书》中,成公兴又被记载为因"坐失火烧七间屋而谪降的仙人,不得不为寇谦之作弟子七年"。其中与成公兴有关的事务几乎全部具有鲜明的道教色彩。我们试举例析之。

第一,日中就是正午时分(11:00~13:00),此系一天中阳气最旺盛的时刻,后世道书中编造老君降世神话时亦多强调在"日中"时。成公兴选择此时仙去、返回天界,符合中国古人的传统观念,亦顺应道教的羽化成仙思想。又《无上秘要》卷八七《尸解品》引《洞真藏景录形神经》云:尸解之法,有死而更生者,有头断已死乃从一旁出者,有死毕未殓而失骸者,有人形犹存而无复骨者,有衣在形去者,有发脱而失形者。白日去,谓之上尸解;夜半去,谓之下尸解;向晓、向暮而去者,谓之地下主者……据此可知,成公兴乃属于"死而更生"的"上尸解"。

第二，沐浴。成公兴去世前，郑重其事地托付寇谦之代为沐浴身体，寇氏亦如约照办。这恐怕不能简单地看作丧葬礼俗中以水浇洗尸体的"浴尸"习俗，或许与古代斋戒沐浴的社会风尚有关。以洁净事神侍尊者，是中国传统社交礼仪中的基本准则。沐浴本是为了清洁身体，后来渐渐被引申为洁净心灵，尤其在敬天事神的场合中，对自身的清洁即标示对神明的诚敬。是以古语中常有"澡身浴德""以洁为敬"的说法。

沐浴，不仅对世俗礼俗具有积极影响，同时也是道门仪礼的重要内容。此外，还有石室、童子、法服、钵、锡杖等事物，都表征了成公兴的非凡身份。概言之，这部分内容堪称成公兴与寇谦之交往故事的高潮。自此以后，两人互为师徒的关系就戛然而止了，成公兴在寇谦之的故事中隐退了。这一事件，对成公兴而言，算是"出师"，他可以返回仙界复命了；对寇谦之而言，则系"出徒"，接下来的路要靠自己走了，此后寇氏"守志嵩岳，精专不懈"，并获太上老君的亲授。

通过上述分析可以看出，成公兴引领了寇谦之的价值取向和人生发展，是全局的掌控者，在寇氏学道生涯中发挥了举足轻重的作用。但在《魏书·寇谦之传》中，成公兴始终是作为配角出现的，他的出场和退场，皆是为主角寇谦之服务的，是为了衬托和渲染寇氏的天赋神权，为其掌握最高宗教权利提供合法性和神圣性的依据，借此消弭社会各界人士的质疑。

在《魏书·寇谦之传》中，入山隐修、服药不饥、仙药幻化为秽物、仙人童子降迎、死而复生、亡魂讲述仙界秘闻等，都是志怪小说及道门仙传中司空见惯的叙事套路和故事情节。谪仙游戏人间、期满重返天界，更是六朝仙道类文学中最具代表性、典型性的故事母题。有鉴于此，我们认为：寇谦之的修道经历显然是经过精心策划的，乃系附会了各种神迹、传说编撰而成，其中虽不乏真实的成分——如成公兴或许确实向寇谦之传授过算术，但在整个故事建构中却显得微不足道。事实上，经过层层包装和神化，现实生活中那位"真实"的成公兴俨然已是面目全非了。

魏收撰《魏书》首创《释老志》以概述佛道两教在中原地区的传播及变革，其中收录的《寇谦之传》想必是参考、借鉴或采撷了当时教内流传的一些材料。这些材料是出于对寇谦之进行夸大、神化之目的编撰的，其创作时间应在北魏太武帝宠信寇谦之期间抑或寇氏去世不久，其真实性和客观性很值得怀疑。

换句话说，《魏书·寇谦之传》涉及寇氏山居修真的那部分内容恐怕是不可靠的，不排除有杜撰和虚构的成分。种种迹象表明，对于像《魏书》之类的二十四史经典中记述的材料，我们要一分为二地看待：诸如宫廷、仕宦、政治、军事、历法等内容，因有可靠的官方档案材料作为理论来源和背景支持，故真实性比较高，可以当作信史来看待；对于有些内容，譬如方士、释老、五行志等部分，则要采取史料批判的原则，秉持质疑的精神，予以甄别和扬弃，切勿盲目信从。

另一个对寇谦之产生深远影响的人是崔浩。陈寅恪先生敏锐地指出，崔浩对寇谦之赞赏的主要原因有二：其一，"人神对接"；其二，"手笔粲然"。"人神对接"是指寇谦之的天师身份，"手笔粲然"则指寇谦之的书法。清河崔氏为天师道世家，据《魏书》记载：崔浩父亲身患疾病，"浩乃剪爪截发，夜在庭中仰祷斗极，为父请命，求以身代，叩头流血，岁余不息"。这种行为是典型的天师道为病者请祷的做法。

据陈寅恪先生考证，清河崔氏为北朝第一盛门，而崔浩一支又为崔氏门中最显赫的一房，故崔浩自幼传承家学，具有深厚的儒家学养。

崔浩通经纬、重礼法，不喜好老庄之文。据说他每读不过十行便将老庄之书弃置一旁。崔浩认为，孔子曾经向老子学礼，故老子的思想一定是以礼为先、重先王之教。但现今之书多有败法侮礼之处，均是"矫诬之说，不近人情"之作，故不可取。寇氏对"礼"的重视，也正好暗合于寇谦之"专以礼度为首"的道教改革理念。

据《魏书·寇谦之传》记载，寇谦之常与崔浩谈论古今治乱之事，通宵达旦无有倦意。寇谦之向崔浩表达了自己入世的契机，他说：我向来行道隐居，不问世务，却机缘巧合地受到了神仙点化，见赐仙真诀法，领会到应当兼修儒教，辅助太平真君，继承道统。他又请崔浩帮忙撰列历代先王治典，以复兴礼法为基准，筹备改革。

从崔浩的出身和成长环境中，我们可以看出，他虽然自幼接受天师道熏染，但所习学的经典和接受的教育却是儒家的礼义道德。故他并不喜欢以无为、尚虚为特点的哲学思想，而更看重追求务实、能经世致用的宗教实践。这一点，也正是寇谦之"新道教"改革首先要解决的问题。二人可谓心照不宣，一拍即合。

陈寅恪总结说，寇谦之与崔浩俱是士族出身，具有相似的身份背景，且寇谦之清整"新道教"中的礼度内容与儒家大族的传统学说十分合契，故二人能够相互赏识。

3　清整道教

寇谦之生活在十六国后期至北魏初期,这一时期中国北方战乱频仍、少数民族割据混战。汉末五斗米道迁徙北方以后,失去了原有的制度约束,出现戒律废弛等状况。更为严重的是,民间孙恩、卢循等人打着道教的旗号组织起义,使得当时的统治者对道教的组织性质产生了极大的不信任,也使得道教陷入了前所未有的发展困境。寇谦之将这种状况称为"愚人诳诈万端,人人欲作不臣",就是说道教义理是非不辨,令下层民众无信可依,道教组织独立难管,使得上层统治者忧心忡忡。

寇谦之出身门阀士族之家,又是天师道的忠实信奉者,更将"改革"视为不可耽搁之要务。他的现存著作主要为《老君音诵诫经》(又名《云中音诵新科之诫》),其中载录了传统天师道存在的诸多弊端。

据《魏书·释老志》载:北魏明元帝时,太上老君降授给寇谦之的《云中音诵新科之诫》原为二十卷。今明《道藏》中收录的《老君音诵诫经》一卷为其残本,其中记载了寇谦之清整北方传统天师道的几项重要举措。

中岳嵩高灵庙碑碑额
河南博物院藏民国拓本

第一,整肃规约。废除祭酒道官私署治职、契箓的行为和祭酒世袭制度,遵循"唯贤是受""进善举贤"的原则。"契箓"是道民入道、道官晋升的凭证。当时之道官、祭酒"愚暗相传,自署职箓符契",许多道士受符箓以后,不再精进修行,反而违科犯约,假传鬼神长生等术诈惑百姓。一些不肖道士继承祭酒之后,能力不足,错乱道法,遂令"道益荒浊"。如上行为,使得道教内部秩序混乱不堪,故首要任务便是肃清之。

第二,废除五斗米道的租米钱税制度和滥收资信之事。此项措施主要针对道教活动中向民众索取钱财的问题。当时的道官、祭酒授人职契,需要收取金银财帛,户民每年又需缴纳各样杂税不可胜数。新法明确户民每年只需提供三十张纸、一管笔、一铤墨即可。

第三，制定戒律、规整科仪。明确道士的行为规范，宣扬新科，遵循忠孝之道，禁止杀盗淫妄等。重视奉道守戒、斋醮礼拜等仪式活动，对具体的礼仪程序也做出明确规定。

第四，断禁黄赤。此举主要针对当时滥传、滥习"黄赤房中"之术的人。他们不遵守真师教诲，不严格按照科法修习，虽然也参研黄赤经文、佩戴符契，却不明白"身中至要，导引之诀，尽在师口"，以至于堕入浊秽之流，违犯禁忌，鼓行淫风，损辱道教。

寇谦之针对当时的道教弊病，提出了具体的科约规法，将旧时之"诈经法科"尽皆断除，一切以新法为尊。有学者总结认为：《老君音诵诫经》的本旨，是借太上老君名义，宣布革除旧五斗米道中不合"大道清虚"之旨的三张伪法，而代之以"专以礼度为首"，以服食闭炼为要旨的新道法。

《老君音诵诫经》中，对初入道门的弟子也做出了严格要求。普通民众欲入道者，应当先观望其性情，三年内能谨守规约、修慎法教、精进善行，不生退悔之念，不起轻邪之意，方可纳为弟子，授予诫箓。道官、祭酒等进荐贤才，可除过解冤、求仙速达；若举荐佞恶之人，则要返罪十年。寇谦之对欲入道门修行的人设定了三年的考察期，极大提升了道门修行者的整体素质。

是经还记述了修道者入道时的具体仪式。道官、箓生初受戒律的时候，当向诫经八拜，端立于经前。师友们为其做"八胤乐"，并以音诵的形式念与受经者。据学者考证，"胤"本意为"子孙相乘续"，"八胤乐"之意应为一遍接一遍地演唱，反复八遍。此乐曲仪式或脱胎于上古"八佾"舞乐礼仪，"佾"指乐舞行列，"八佾"即六十四人，纵横排列各八排，配合上古时期大禹创制的"韶乐"，是宫廷最高规格的舞乐礼仪。受经的人拜伏随诵完毕后，向经本八拜，如不能理解音诵，只需要直诵即可。戒法的传递需要师友——受经者两方共同完成，只要能遵守传经的仪式轨范，亦可再传其他同辈与后辈。

寇谦之改革北方天师道的做法获得了很大的成效，使得原初混乱的道团变得秩序井然，为上层阶级所接受。陈寅恪先生指出，两晋时期，天师道信仰者虽有不少属于士大夫阶级，但大多数仍是庶族平民，寇氏"专以礼度为首""不得叛逆君王，谋害家国"的改革原则就使得"新道教"不再成为王朝的忧患。

学者们在分析寇谦之改革的具体内容时，提出了他"引儒入道""援佛入道"的观点。我们需要关注的是，寇谦之无论是对儒家思想和义理的吸收，抑或是援引佛教成熟的礼诵制度和戒律体系，其最终目的都是要让北方天师道更加符合现实秩序，达到扶助世教的目的，也是儒、道、佛三教互相借鉴的成功例证。

小知识◎音诵

> 诵经一般有"直诵"和"音诵"的差别。所谓"直诵"是指一般性的朗读，不讲究音调，也没有固定的旋律，节律比较自由。"音诵"则是依调式而唱，讲究规律和节奏，有固定的音调。
>
> 道教"音诵"的滥觞主要有二：（1）早期儒家的祭祀音乐；（2）魏晋南北朝始传入中原的佛教"梵呗"唱诵。二者对道教"音诵"的形成均有重要影响。也有人认为，道教的"音诵"和佛教的"梵呗"有一个共同源头。相传，陈思王（曹植）游鱼山，忽听闻岩间有诵经声，清远嘹亮，遂使解音者写之，

以为神仙之声。后有道士仿效之作"步虚声",此即道教"步虚"之始。佛教中人则认为曹植所闻之声乃是鱼山之神所制,并传有"鱼山呗"或"鱼山梵"。

四 简寂先生：陆修静

中国台北"故宫博物院"收藏着一幅著名的宋代画作《虎溪三笑图》，此画反映中国传统文化中的儒释道三教思想圆融和合、一团和气。三教的代表人物分别是庐山慧远（佛）、陶渊明（儒）和陆修静（道）。

据载，慧远和尚幽居庐山约三十年，影不出谷、迹不入俗，每逢相送友人，往往止步于虎溪。一日，陶渊明、陆修静来与慧远清谈，三人闲庭信步，不觉间迈过虎溪数百步。听到虎啸之声，方才惊觉，三人遂大笑而归。

"虎溪三笑"的故事显然是虚构的，因为这三位人物并非生活在同一时代，而是作为一种价值理念的象征，为世人所接受，并广泛流传。在这幅画中，代表道教出场的是南朝宋天师道改革者陆修静。

（宋）佚名 《虎溪三笑图》
中国台北"故宫博物院"藏

1　丹元真人

陆修静（406～477），字元德，吴兴（今浙江湖州）人。一说其先祖为三国时东吴丞相陆凯，其父陆琳谥号为"高道处士"。

陆修静生得奇异，道书中形容他足长双踝，手掌有"大"字纹路，背后有斗文。唐代高道吴筠形容他：道气潇洒，骨气俊秀，幼时颇有雅性，长大后气质更加超然。

由于家族关系，陆修静很早就娶妻生子。但他始终抱素守朴、无意欢爱，婚后不久就和妻子分房独寝，修习断谷之术。陆修静常向同僚表达慕求仙道、时不我待的想法。终于有一天，他遗妻弃子、抛却俗务，入深山隐居修道。

唐代王悬河编修的《三洞珠囊》中记载了陆修静入道以后的两件逸事。

其一，陆修静在寻仙访药期间，曾短暂回到家乡。在这几天里，他的女儿忽然得了怪病，家人赶忙延请医师救治。陆修静却说：我本来已经离妻弃子、委身玄门，现在虽然人在家中，但我已将家园看作客舍，又怎能因为家庭变故再生凡尘俗世之情呢？于是陆修静拂衣而

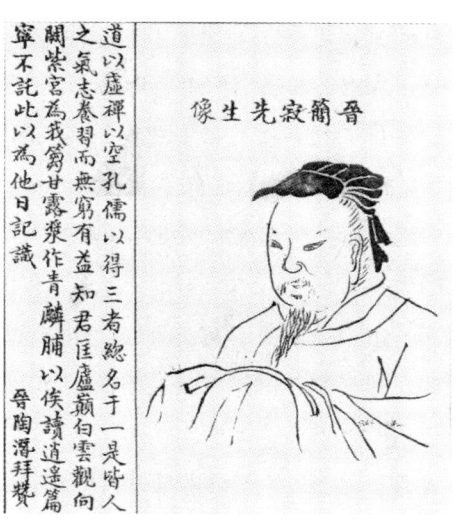

简寂先生像

去。一日之后,他女儿的病竟然不药自愈了。

其二,陆修静素有肺气不调之症,入山时曾携带了许多药物单独放置。一天药室忽然起火,弟子着急想要扑救,陆修静则说:这大概是冥冥之中不允许我服用药物,还是顺应天意吧。几天以后,他的肺病竟不药自愈了。

陆修静喜好远游,一旦听说哪里有奇人异士,一定会不辞劳苦前去求教。据元代张天雨《玄品录》中记载,陆修静曾向南至衡湘之水、九嶷之山(在今湖南境内),寻访女仙魏华存的遗迹;向西至峨眉山(今四川境内),探寻仙人王褒的高风。吴筠称他"虽身隐弥静,而名逃益彰",这是说陆修静虽然长期隐修于山林,但他的名望却日益传扬,在江汉一代有许多信仰者,影响甚大。

刘宋元嘉末年，陆修静到京师建康（今江苏南京）卖药。宋文帝刘义隆闻其名，征召入内。元嘉三十年（453）二月底，宋文帝被太子刘邵所杀。不久，刘邵同父异母的弟弟武陵王刘骏起兵讨逆，夺取皇位，是为宋孝武帝。此即历史上著名的"太初之难"。值此混乱之际，陆修静离开京师，南下游历。刘宋大明五年（461），陆修静到庐山瀑布岩下修筑馆阁隐居。

刘宋泰始元年（465），宋明帝刘彧即位。宋明帝久闻陆修静之名，派人携带重礼赴庐山延请陆修静进京。在多次请辞以后，陆修静于泰始三年（467）赴建康。

当时，佛教大盛于中土，关于佛道二教的思想争论已然十分激烈。时有"玄言之士飞辩河注，硕学沙门抗论锋出，犄角李释，竞相诘难"的说法。宋明帝遍求天下名士入京各阐教理。他久慕陆修静之名，多次下诏请其入朝。当时陆修静正在庐山隐修，他数次婉拒之后，最终奉召出山。陆修静对门人这样解释：道门之祖老子曾为辅佐周室而入王宫，汉末方士左慈也曾经出仕以辅佐东吴，这些高仙尚且为道义入世，我自己又何必独善其身呢？

陆修静至京师以后，参与了两件比较重要的事情：第一次是在庄严佛寺与众贤士辩论，第二次是与宋明帝见面并与之讨论道法。据《道学传》记载，陆修静初至京师，宋明帝将他安置在宫中后堂，陆修静不悦，遂暂居在骠骑将军的精舍中。朝中大臣久慕陆修静之名，对他的到来感到十分欢欣，皆争相拜访。

从宋明帝最初对待陆修静的态度也可以看出，此时宋明帝只是把他看作有一定声望的道门高士，同佛教高僧或坊间的名流并无二致。他有意安排这场集会，就是要通过辩论来试探和甄选有真才实学的名士以为后用。最终陆修静在这场辩论中"标理约辞，解纷挫锐"，使得王公皆悦、上下钦服。这次辩论也使得陆修静的盛名得到了证实。

宋明帝又于数日之后在华林延贤馆设宴，召集佛道名士。陆修静着鹿巾翩然而至，其仙风道气使宋明帝肃然起敬。这次盛会中，陆修静详细敷述了释道源流，认为二者都是追求精微义理的学问，俱是垂教世人的典范。席间有人问：为何道家不说"二世"？"二世"本为佛教术语，一般指今生和来世。陆修静巧妙地用老子对道的描述，以"先后"代换"二世"，称：吾不知谁之子，象帝之先。既已有先，居然有后。既有先后，居然有中……此并明三世。但言约理玄，世未能悟耳。陆修静将道家的"先"和"后"之说对应佛教的"前世"和"来世"，并以"中"来对应"今世"，构成了道家的"三世"说。只是人们不能解悟道家的理论，误以为道门不谈"二世"，这其实是错误的。从这两条记录中，我们可以看到陆修静对"释道关系"的态度，他努力调和二者在思想和义理方面的差异，并强调二者俱有"行为世范"的功用。

据南朝梁僧人释慧皎《高僧传》记载，丹阳尹沈文季曾设会，令陆修静与释道盛辩论。结果释道盛以华丽的词句和坚实的义理辩驳得陆修静哑口无言、赧然而退。道教学者陈国符先生根据二人的生卒年判定，此辩论发生时陆修静已然离世，故是说虚妄不可据。但我们可以从这条"伪证"看到，彼时释道论战应是常事，而且辩论已经超出了单纯的学理式交流，甚至演变成了互相的攻击、诘难。

从已有的资料来看，上述两次集会应是道门的表现更为出彩。王筠形容说：由于被陆修静的风采感染，宋明帝便积极地和陆修静讨论道法，请教玄理，使心中的疑问彻底消除。此番盛会之后，宋明帝在京都北郊为陆修静修筑崇虚馆，鼓励陆修静在京师广延道伴、大敞法门。一时间使朝野注意、道俗归心,"道教之兴,于斯为盛也"[1]。

陆修静在崇虚馆时,有几件事情需要格外注意。

第一,他为宋明帝举行"涂炭斋"。据《简寂先生陆君碑》记载:泰始四年(468),宋明帝感染疾病,召请陆修静建"涂炭斋"。所谓"涂炭斋",是道教的一种忏悔仪式,需要忏悔者将黄泥涂抹在额头上,绑住双手,"叩头忏谢",通过自我体罚、受苦,达到忏悔的目的。据相关记述,泰始七年(471)四月,陆修静率众为宋明帝建"三元露斋"。"三元露斋"应系"三元斋",此斋意在向主掌考校人间功过的神灵——"三官"进行忏悔,请求神灵宽恕自己先前犯下的过错。无论哪种斋法,其目的都是令宋明帝自行悔过,从而使其疾病早愈。

据载,此次仪式颇为灵验,并有黄云、白鹤等祥瑞气象出现,仪式之后宋明帝的病就好了。自此,宋明帝对陆修静更加青睐。

第二,陆修静作《三洞经书目录》进献宋明帝。《三洞经书目录》现已散佚,它是陆修静总括三洞经书的成果。据《简寂先生陆君碑》记载,当时洞玄部经书真伪混淆,陆先生刊而正之,才得以分判经纬、顺析条理。其中对斋戒仪轨的整理更是成为后世科仪之典范。唐代《法苑珠林》则记载,泰始七年(471),陆修静所上之经目同晋代葛洪所上"老教所有度世消灾之法"卷次不同,且陆氏所呈经卷往往增加卷秩、添补篇章,抑或将佛经改头易尾、变更思想。以此来看,陆修静除了整理已有的经典之外,还构造了许多"新经",这些"新经"因袭、改造佛典而成,故被佛教人士严厉批判。

最后,陆修静还广泛整理斋醮科本,构筑道门斋醮体系。陆修静的这一做法也遭到佛教人士的攻击,认为他"妄加穿凿,广制斋仪,

---

[1] 王悬河:《三洞珠囊》卷二,《道藏》第25册,文物出版社、上海书店、天津古籍出版社,1988,第306页。

靡费极繁,意在王者遵奉"[1]。因为道教的斋醮仪式需要耗费大量的人力、财力来构建坛场、器物等,一些大型的仪式往往周期很长,耗资更甚,所以许多人认为这是变相损耗民力。

刘宋元徽五年(477)春正月,陆修静忽然要求弟子准备车驾,返还庐山。弟子们都觉得很奇怪,因为并未得到敕许他们归山的诏命。是年三月二日,陆修静安然离世。

陆氏虽然身死,但肤色光灿,目蕴华彩,身散异香。他临终前吩咐弟子,用布囊包裹尸身投入山中。弟子们都不忍心这样做,就将他的尸骨运回庐山。传说,陆修静羽化三天后,住在庐山的弟子忽然望见师尊还归旧处,却又倏然不知所终。

陆修静羽化以后,皇帝赐名其庐山故居为"简寂观",谥号"简寂先生"。至北宋时,宋徽宗赵佶加封陆修静为"丹元真人"。赵佶意欲通过这种方式,鼓励后世修行者,知前代实有真人、至道存在,后继者更当勉励修持、勤谨不辍。

---

[1] 周叔迦、苏晋仁:《法苑珠林校注》卷五五,中华书局,2003,第1673页。

2 总括三洞

南朝刘宋时期,道门涌现了大量的新出道经。许多道士伪造滥传经典,又标榜自己所传为真经,斥责旁人所习乃伪经。一时间道门经书篇卷蜂出、真伪难辨、源流不清。一些有远见的道士也开始有意识地对道经进行批判、辨析和整理,其代表人物就是陆修静。

据学者研究,陆修静之前,道书的分类目录往往局限于某一道派,且分类方法粗疏、简约,一般只有"经"和"符"两大类。陆修静广泛搜集道教经典,对所见之经目进行考镜源流、分类编集,最终形成了以上清、灵宝、三皇为中心的三大经系,即"三洞"。陆修静通过这种方式统合了当时混乱的经书状况,编撰完成了历史上"第一部成熟的道教目录学专书"——《三洞经书目录》。

"三洞"是为"洞真""洞玄""洞神",分别对应《上清经》《灵宝经》《三皇经》。"洞"意为通达,希冀通过研习这些经典可以达到上述三种境界。"洞真"部经书以发扬真纯道理为要义,"洞玄"部经典以使人通慧无惑为目的,"洞神"部典籍则记录了召制鬼神的法术。陆修静认为上清派经书中清净、存神的修炼方式最值得推崇,而三皇派经书和法术则未脱原始的巫鬼之风,等而下之。故他认为此三系经书应有秩次:《上清经》为最上,《灵宝经》次之,《三皇经》为最下。

陆修静对"三洞"进行了次序排列,其实也暗含了他对三派教义的理解和批判。他认为大道清虚,修行之法皆以简素、无为为要,故将上清派的修炼方法视为最好的修行之法。但他同时强调,"三洞"的概念来源于道教对"气"的理解,三洞经书俱为道气所化,故虽然在实际应用上化成三家,但其本源仍是由元始一气化生而成,"三洞"又可互相贯通。

上清经系的主要经典为《上清大洞真经》和《黄庭经》。它的传续以西晋女道士魏华存为关键人物。魏华存将《上清大洞真经》三十一卷,以"降真"的方式传授给丹阳(今江苏镇江市内)的杨羲和许谧、许翙父子。这种授经方式是由神仙"下降"到灵媒杨羲的身上,借杨羲之口转述仙真之语,由二许父子再行抄写。

由于种种原因,他们抄写的魏夫人和众神仙的诰语在传播过程中流散各处。其中一部分写本被宋后废帝刘昱所见,刘昱将其交由道士殳季真保管。后来,陆修静在崇虚馆刊正经文,刘昱命殳季真将这批经书全部转交给陆修静。

灵宝派经典以东吴时葛玄为主要传授者。传说他在天台山得受太上老君赠予的灵宝经法,嗣后将所得经卷传授给徒弟和子孙。他的弟子以郑隐为主,子孙中以葛悌、葛洪父子为主。而郑隐又是葛洪的师父,因此葛洪继承了比较完整的《灵宝经》。后来,葛洪的从孙葛巢甫继承了灵宝经法,并在此基础上不断地增添再造,使得《灵宝经》大行于世。同时也造成了灵宝经典真伪难辨、鱼目混珠的状况。陆修静在道士徐灵期(葛巢甫之徒)处获得了主要的灵宝派经书。

陆修静十分重视灵宝派经书，此派经典以"仙道贵生、无量度人"为宗旨，教导人们行善远恶，鼓励人们修斋忏过、礼诵经典。陆修静专门撰作了《灵宝经目序》来记述他整理《灵宝经》的过程。

《三皇经》的传承主要有两个脉络：其一为东汉时的帛和。他在石洞中观见《太清中经神丹方》《三皇文》和《五岳真形图》等，后传于东吴时葛玄，葛玄传给郑隐，郑隐又传给葛洪。另一个脉络为晋代鲍靓于嵩山石室中所得，后传于女婿葛洪。葛洪兼得了两个系统的《三皇经》，最终被陆修静搜罗而得。据说陆修静所得的《三皇经》仅四卷，他将此经传给弟子孙游岳，孙游岳又传给南朝梁道士陶弘景，后者将其渐增衍至十一卷。

由上所述，我们可以看到陆修静实质上掌握了当时比较流行的三个主要流派的重要经典。他对这批经书进行了重新批考、造立序说、回换篇目、勘正文字、校准音韵等工作，编成了《三洞经书目录》，确立了早期道经的"三洞"分类法，世称"总括三洞"。陆修静也在其《灵宝经目序》中自称为"三洞弟子"。他又将"三洞"确立为一种修炼境界，与佛教所谓"大乘""中乘""小乘"相类比。

有学者评论说：陆修静整理道教经典的重要意义，不仅在于著录并勘正了当时存在的某些道书，更重要的是，他还首先创立了在道教史上有深远影响的道教典籍分类方法。后世羽流在他的基础上创造了"三洞四辅十二类"的道经编集法则。据研究者考证，陆修静编修的《三洞经书目录》虽然已经散佚，但根据其他典籍的记录，可以确定有一千二百多卷。

3　规范斋法

随着张鲁政权的北迁和瓦解,早期天师道失去了政权的保护,道教徒四散流亡、组织崩溃。东晋末年,更是爆发了一系列打着道教旗号的暴动。陆修静认为这是一种"末世"的表现:邪魅妖妄之士假托正道,迷惑世人,不明就里者往往执迷于这虚幻的名利场,以致上损国祚、下误黎民。道民不识顺逆,不尊本师,不辨是非。最终使教法颓靡、元纲弛坠,人人皆趋向于邪法。所以陆修静决定改革道教、纠正教义、完善戒规。

陆修静对道教的改革集中在《陆先生道门科略》中。他针对当时道教"淳浇朴散,三五失统,人鬼错乱"的弊病,重宣张天师正一盟威道的禁戒律科、规范令章,使道士有序、民知善恶。其做法主要为:首先,整顿散乱的道教组织,建立道士户籍登记制度,一年三次集会,定期检查入道人员的箓籍;其次,明确道士职任和受箓制度,将之与道士的行为、功德相关联,道士依功受箓、升迁;第三,以"清约"治民,"神不饮食,师不受钱",教导民众内修慈孝、外行敬襄、佐时理化、助国扶命;第四,约简祭祀,遵循中国传统的祭祀等级,断绝淫祀（非其所祭而祭之）；最后，重视斋醮，重新确立和完善天师道的斋醮仪式。

陆修静是道教灵宝派的集大成者，他对道门最突出的贡献，就在于对天师道斋醮仪式的改造和完善。陆修静认为，斋戒是立德的根本，立德是寻真成道的必然阶段。修斋时，应当选择幽静的房舍，制伏性情、闭固神关、坚守戒律，令俗想不起、外想不入、内想不出。然后建勇猛心，修十道行，坚定志意，不令移拔。"十道行"乃是陆氏总结的十条修斋法则，其形式如下：

第一，香汤沐浴，使身体清洁，衣服悉净，内外芳馨，以便迎请高真。

第二，废弃世务，断俗因缘，萧然无为，形心闲静，以便注念专精，专一向道。

第三，清净饮食，涤除嗜欲，使身体脏腑调和，神气清爽。

第四，谨身正服，斋整严肃，恭恭敬敬地叩拜神祇，不可骄慢、怠惰。

第五，闭口息语，不得妄言，调声正气，诵咏经文。

第六，涤除心意，不得邪想，存神思真，感悟微妙。

第七，烧香，宣奏诸真宝号，将斋意上闻三清，普宣十方。

第八，忏谢罪咎，请求神明宽宥己过。

第九，发慈悲之愿，恳念一切灾厄恼难，悉得度过。

第十，鼓励道伴，遵守戒规，互相精进。[1]

陆修静认为，斋法乃系圣人订立，缘于百姓竞逐欲念而不能自定，所以才要通过斋戒来平静身心。末世之学者不能正本清源，常常舍本逐末、贵华贱实。须知福泽在静中生成，人们却盲动以求之；生命在

---

[1] 陆修静：《洞玄灵宝斋说光烛戒罚灯祝愿仪》，《道藏》第9册，文物出版社、上海书店、天津古籍出版社，1988，第822页。

我身成就，人们却舍己而趋外。人的心意常常被扰动不停，所以要通过礼拜、诵经、思神来克制身心异动。陆修静说："身为杀盗淫动，故役之以礼拜；口有恶言，绮妄两舌，故课之以诵经；心有贪欲嗔恚之念，故使之以思神。用此三法，洗心净行，心行精至，斋之义也。"[1] 陆氏将如上三法礼拜、诵经、思神，定为道士日常修行法要，对后世道教早晚功课的形成具有深远的影响。

陆修静又根据不同人、事之需要，总结了"九斋十二法"。所谓"九斋"，是指金箓斋、黄箓斋、明真斋、三元斋、八节斋、自然斋、三皇斋、太一斋、旨教斋。这九种斋法又被称为"洞玄灵宝之斋"，各有其修造目的。如金箓斋，其作用在于调和阴阳，为国祚祈福求祥，故修造者一般为王公贵族。黄箓斋的功用在于拔度亡故先祖，为在世之人解禳冤结，上到王公大臣、下至平民百姓，都可以随力修造。

除了这九种灵宝斋，陆修静还修订了两类"洞真上清之斋"，这也是陆修静认为的最"高贵"的斋法。这类斋法要求绝对的清静，修行者必须要"绝草离偶，舍朋友之交，无妻孥之累"。陆修静认为，大道清虚，所以清静孤独地修持才是最好的修行方法。

此外，陆修静还重新改造了原始的"涂炭斋"。此斋"以苦节为功"，通过自我体罚来解禳先祖、宗亲、自身的罪业。陆修静认为此斋虽然功德无量，但其形式鄙俗，为斋之最下等。这三种斋法，同前述九种斋仪，合称为"九斋十二法"。

陆修静的斋法理念主要有两种：一种是内摄心神、外舍朋侣的孤绝自修；第二种是上安国祚、下度亡魂的济世科法。

需要强调的是，陆修静的科法具体实施起来十分复杂和繁重。以

---

[1] 陆修静：《洞玄灵宝斋说光烛戒罚灯祝愿仪》，《道藏》第9册，文物出版社、上海书店、天津古籍出版社，1988，第822页。

"三元涂炭斋"为例,行科法者在露地立坛并安置栏格,请罪者需要将黄泥抹在额头,头发披散系在栏格上,反手自缚;口中衔着玉璧,趴在地上,两脚张开三尺,叩头忏谢;每日昼三时(晨朝、日中、日末)向西,夜三时(初夜、中夜、后夜)向北。此斋持续时间约为三十六天,修此斋者或需为增加忏悔效果而加重苦罚。这样的斋法周期长且不说,还需要通过自残的方式来救赎和弥补所犯过失。

陆修静还进一步强化道门斋醮的伦常观念。他向门人叙说"五感"之心,试图通过精神力量来消解仪式的繁累和痛苦。所谓"五感",即一感父母生养,劳心损体;二感父母为我冠带婚娶,造买基业;三感普天下男女受身口之累,为生计奔忙;四感太上众尊,开大化之法救度世人;五感我获此福,得缘开度。陆修静强调:"若涂炭斋者,无五感之心,不得劝吾之意。一则费香徒劳,二则成于虚诳,三则轻慢法禁,四则毁辱师教,五则更招罪罚。"[1]

由此"五感"之文,我们可以看出陆修静的济度理念:其一,从人最基本的孝道、伦常出发,鼓励学道者仁人爱亲;其二,通过自身受苦来分担或代替他人所积累的恶业,同时也为他人所行之罪业做出了解释;其三,信仰上天(或神仙)是救度灵魂的唯一途径。

陆修静对"涂炭斋"的提倡,也受到了佛教徒的批评。南朝梁僧祐《弘明集》中说:陆修静所倡导的"涂炭斋"法源起于张鲁,本来是为了治化蛮夷而设。陆修静虽然对其进行了一定的改造,但仪式本身仍然粗鄙、荒僻,全不值得提倡。其中如"黄泥抹额""反手自缚"等行为更是如"驴辗泥中",粗俗至极。

实质上,"涂炭斋"中蕴含了中国古人的罪感文化和受过救赎观念。

---

[1] 陆修静:《洞玄灵宝五感文》,《道藏》第32册,文物出版社、上海书店、天津古籍出版社,1988,第619页。

"代人受过"的解罪方法在西周时就已经出现,但这种观念具体的内涵发挥和仪式记录却是早期天师道的产物。换句话说,陆修静将这种原始的"道教"因素同当时的伦理相互整合。他以"五感文"强化修斋者的内心建设,又弱化了仪式中拍打、黄土泥面等原始、粗鄙的动作,增加了立坛、固定斋期等举行仪式时的注意事项,将其形貌与灵宝斋的其他斋法进行了改良和融合。这实质上是构造了一套新的仪式逻辑和行为体系。

有学者总结云:陆修静对南朝道教的改革,是对原始五斗米道进行的一次改造,它最突出的特点是使道教正统化、官方化。虽然陆修静的改造一定程度上存在向当权者"屈服"的意味,但我们仍要看到,通过陆氏的改造,道教一改往日之"巫风鬼面"而登堂入室,与过去"犯上作乱"的妖道区分开来。

陆修静并没有抛弃道教的独特性,仍然是"祖述三张、弘衍二葛",强调道教修身垂范、济度世人的社会责任感。

小知识◎三洞四辅

后世道流多认为陆修静始分三洞之源、列四辅之目。所谓"三洞",一般指道经的分类方法,即"洞真""洞玄""洞神",唐代道士孟安排在《道教义枢》中解释说:"一者洞真,二者洞玄,三者洞神,真以不杂为义,玄以不滞为义,神以不测为义,通而为语,三名互通。"[1] 这是说,洞真部

---

[1] 孟安排:《道教义枢》卷二,《道藏》第24册,文物出版社、上海书店、天津古籍出版社,1988,第812页。

经书以真纯道理为要义，洞玄部经典以通慧无惑为目的，洞神部典籍则以召制鬼神、幽玄深渺为特点。"洞"即"通"，有二意：其一，通达三教、通凡入圣；其二，三洞本源一气、体意互通。也有说法称，"三洞"为三清境号，依各境之主题名是经。一般来说，洞神多指"洞神三皇"经目，洞玄指"洞玄灵宝"经目，洞真部则没有统一的主题，兼收众经，一般认为，此部收录"上清"经目。

所谓"四辅"，即太清、太玄、太平、正一四部典籍。由于南北朝道书蜂出，原初的三洞分类已经不能涵盖新出道书的种类，道士们为了"包罗群艺，综括众文"，又在三洞的基础上列出了四辅经目。三洞和四辅又被合称为"七部"。

三洞经具体包含十二门类，分别是"第一本文，第二神符，第三玉诀，第四灵图，第五谱录，第六戒律，第七威仪，第八方法，第九众术，第十传记，第十一赞颂，第十二表奏"。三洞之中，每一洞又分此十二部，故称三十六部。其实，南朝时佛教《众经别录》中已有十二类别。所以，也有学者认为道经分类的方法或是借鉴了佛教的典籍分类法而形成。

五 山中宰相：陶弘景

南朝梁代高道陶弘景，被时人誉为"山中宰相"。他虽隐居山林，却密切关注着山外时局。陶弘景博学多才，是六朝道教改革的集大成者和上清派茅山宗的实际创建人，对当时政治产生了一定影响。

1 贞白先生

陶弘景(456～536),字通明,南朝梁时道教思想家、医学家,丹阳秣陵(今江苏南京)人。陶弘景出身名门,其父陶贞宝,亦为江东名士。据说,陶母郝氏怀孕时,曾经梦见有仙人手执香炉来到寓所。后于南朝宋孝建三年(456)夏至日生下陶弘景。

据《南史·陶弘景传》记载:陶弘景身长七尺七寸,形体纤细,朗目疏眉,额头很长,耳朵高耸,两耳孔各有细毛伸出耳郭二寸许,右膝有黑痣呈北斗七星形状。陶弘景少年时即展现出超群的才智。他5岁时就用木棒在灰土中摹写书画;9岁时已遍读六经,能撰写文章,常常"一事不知,以为深耻";10岁时偶然读到了葛洪的《神仙传》,非常喜欢,便开始昼夜研习。葛洪书中描绘的神仙气象也深深影响了心智初开的陶弘景,他常对人说:我仰观青云,洞悉白日,并不觉得它们离我很遥远。陶弘景还擅长抚琴、弈棋、写隶书,名动一时。故被齐高帝萧道成召入宫中陪同王侯和皇子读书。

陶弘景17岁时入丹阳尹刘秉帐下,与刘秉的第二个儿子刘俣交厚。二人皆雅好文集,常常共饭而食、同车而游,俱以才学名响一时。22

陶弘景像
中国台北"故宫博物院"藏

岁时,陶弘景随刘秉进建康。当时萧道成把持朝政,刘秉与司徒袁粲密谋,欲诛杀萧道成挽救宋危。后因谋事泄露,事败城溃,刘秉弃城而走。刘俣与弟弟刘俀伪装成僧人出逃,但被擒获入狱,死于建康。人们都不敢探望,唯独陶弘景亲自前往将他们收殓埋葬。

宋齐易代之际,由于陶氏与前朝有旧,使陶弘景常生忧惕之情。他的父亲又在此际去世,陶弘景又怀遁世之志,常欲寻山休止、弃世离俗。

赵道一《历世真仙体道通鉴》中记录了陶弘景与其从兄来往的手札,其中写道:昔年寄望于仕途的心思早已经消灭殆尽,本来期望可以在40岁左右官至尚书郎,前往浙东(今浙江绍兴附近)寻觅一处胜地,得其山水之美,颐养天年。现在已经36岁,才只做到奉朝请之任,仅仅有资格参加朝会,品秩甚低。他认为自己的仕途基本不会有什么突破了,还不如早早远离朝堂,免得自取其辱。于是陶弘景在次年五月上表请辞,去追寻自己托心山林、饱览青云的志趣。

齐永明十年(492),陶弘景将朝服挂在神武门首,辞官而去。后人常以"神武挂冠"称道此事。齐武帝萧赜准许了陶弘景的辞官申请,并且给陶弘景下诏说:我知道你辟谷多年,尚想清虚,山中岁月悠闲,能够契合你的心性。齐武帝每月还赐给他茯苓五斤、白蜜二斗,供其作服食炼药之用。临行时,许多王公大臣在征虏亭前为他送行,一时间华帐漫路、车马填道,人们都认为这是前所未有之盛事。

陶弘景南行至句容句曲山(今江苏句容市茅山),此山又名"金坛洞宫",方圆150余里,名为"华阳之天"。汉时有咸阳三茅君得道以后掌管此山,故又谓之茅山。陶弘景在山上建造馆院,自号"华阳陶隐居",与人信札往来时亦多署此名。

陶弘景喜爱山水、身体轻健,常常游历名山大川寻仙访药。他喜欢在山间行吟,于水涧坐卧,时常盘桓高山大泽而流连忘返。他教导门人说:我见过很多朱门广厦,虽然也知道它很华美、金碧辉煌,但并不向往能够进去居住;我曾游历过多处高岩水泽,虽然知道它很险峻、难以立锥,却十分喜爱。陶弘景庆幸自己不为俸禄入仕求利,自认为若不是当时决然挂冠神武门,断不能有今日之闲情逸致。

陶弘景隐居茅山之后,曾在道士孙游岳处学习符图经法。据北宋贾善翔《高道传》记载:孙游岳字颖达,专能服食灵芝,会造谷仙丸,食之能驻颜爽精、老而愈少。北宋李昉等的《太平御览》记载:孙游岳为东阳永康人氏,南朝宋泰始年间,高道陆修静自庐山入京都阐扬道法,孙游岳进前侍奉,得到了陆修静的赏识。陆修静认为道教之玄妙奥意非孙游岳不能传授。赵道一《历世真仙体道通鉴》记载:孙游岳坐化之日，门下弟子数百人中，唯有陶弘景得以入室拜奉，孙游岳将三洞经书连同杨羲、许谧等人收藏的仙真诰语一并传授给陶弘景。陶弘景在此基础上，又各处搜集散失文稿，整理编纂成《真诰》流布于世。

嗣后，陶弘景又行走江浙，至会稽（今浙江绍兴）大洪山拜谒娄慧明居士，至余姚（今属浙江）太平山寻访逸士杜京产，到始宁（今浙江嵊州）晁山拜访钟义山法师，最后又到天台山（今浙江天台县）玉京洞拜谒住持朱僧标等，得到许多真人遗卷。

南朝齐永元元年（499），陶弘景在茅山构筑了一座三层小楼：自己住在最上层，弟子们住在中间层，最下层用来会见宾客。自此，陶弘景不再主动接触外事，仅留下一位小僮早晚侍奉。晚年的陶弘景每日只是听听笙箫清乐，尤其酷爱松风。他的庭院中栽满了松树，每次风来松颤、音响连绵，便觉心旷神怡。有时他也独自到山边、泉林处游赏，人们望见他都以为是神仙下降。

陶弘景喜爱论述古文经典，笃好书法，乐于听人讲述奇闻逸事，不喜欢逞口舌之快、妄发议论、与人争辩。他擅长阴阳五行、风角星算、山川地理、医术本草、帝代年历等学问，曾经按照星宿运行规律等，构造了浑天仪来精确推算历法。陶弘景为人圆通谦谨、心地澄明，不会被外事烦扰内心，即使偶有动情，也会立刻觉悟。这样的风度使他更加得到了人们的礼敬。

南朝梁武帝萧衍（464～549）与陶弘景是旧识。南齐末年，萧衍兴兵，陶弘景为他推算流年、占验吉凶，并择定新国号为"梁"。萧衍即位后，对陶弘景更加恩宠礼遇，频频与其论道谈玄、往来书信。他每每接到陶弘景的书信，总是烧香礼敬、虔诚拜启。陶弘景搜集了许多神符秘诀，认为可依照这些秘术炼造神丹。但苦于药物难寻、材

梁武帝像
美国纽约大都会艺术博物馆藏

料昂贵,进展并不顺利。梁武帝就特意赐给他许多黄金、朱砂、曾青等炼制金丹所需之物,并时时书问。后来陶弘景炼成"飞丹",颜色白如霜雪。梁武帝服用以后觉得身轻体健、很有效验,就更加重视炼丹之事。

后来,梁武帝数次下诏延请陶弘景入宫,赐给他鹿皮巾等道家常物。陶弘景作了一幅《二牛图》回复梁武帝:画的是两只大水牛,其中一只在水草间悠闲觅食,另一只却被黄金铸成的线缠住了角,一个人拿着鞭子和手杖正在驱赶它。梁武帝笑说:此人正欲效仿庄周"曳尾于涂"呢。尽管如此,一旦遇到国家大事,梁武帝仍然派遣书使前往山中咨询陶弘景,故时人称其为"山中宰相"。宫中王侯贵要也屡屡前来参访、赠送礼物,陶弘景一概不纳。即使偶然接受了,他也会将这些财物做成功德，或敬神，或散于民众。

陶弘景常年修行辟谷、导引等术，在茅山居住四十多年，仍然身体康健。当时有一种说法称：人的瞳孔呈现方形，是长寿的象征。陶弘景晚年时，一只眼睛的瞳孔时常变成方形。此外，他还擅长铸剑，著有《古今刀剑录》传世。史载他曾为梁武帝进奉两口宝刀，一者名"善胜"，一者名"威胜"，被梁武帝视为佳宝。

梁大同二年（536），陶弘景无疾而终。他去世时，身体颜色不变、屈伸如常，又有异香漫山、数日不绝。举行葬礼时，僧道人士均有列席。梁武帝诏封陶弘景为"中散大夫"，谥号"贞白先生"，以表彰陶弘景秉性纯洁、端庄守静的品质。

传说，陶弘景的母亲曾经梦见一条没有尾巴的青龙直冲霄汉，果然陶弘景一生未娶、无子而终。他的堂兄将儿子松乔过继给陶弘景为后。

陶弘景一生著述甚多，先后著有《学苑》《孝经集注》《论语集注》《帝代年历》《本草经集注》《效验方》《补阙肘后百一方》《古今州郡记》《图像集要》《玉匮记》《七曜新旧术疏》等，以及许多秘密不传或终未完成的遗作数十部，最终都被弟子继承。[1]

陶弘景擅于推算数理，传说他生前已经推测出梁代必将衰亡，故预制成诗："夷甫任散诞，平叔坐谈空，不言昭阳殿，化作单于宫。"[2] 此诗后来被陶氏门人发现并公之于世。梁武帝末年，朝野上下竞谈玄理、不习武事，果然发生"侯景之乱"。侯景攻占建康后，居住于昭阳殿，传说梁武帝被活活饿死。

---

[1] 李延寿：《南史》卷七六，中华书局，1975，第1900页。

[2] 赵道一：《历世真仙体道通鉴》卷二四，《道藏》第5册，文物出版社、上海书店、天津古籍出版社，1988，第243页。夷甫即王衍，平叔即何晏，两人俱是当时重臣，也是玄学领袖。

有学者认为，由于梁武帝晚年政治腐败、武备废弛，士族弟子又养尊处优，但知空谈玄理，不问经术政教。这首诗乃是陶弘景根据魏晋之历史经验，预感当时朝野上下士风萎靡、清谈风盛，故心中忧虑，发出的警示之悲音。

陶弘景的高迈人格，后人多有赞誉。南朝陈名士江总称赞陶弘景兼得众家之善，不仅精通儒术、佛典，又喜搜理丹经秘术、奇异书简，其旨趣又在常人之上。晚年隐居山野，寿终正寝，真可谓尘世之异人。

明代孙一元撰《我爱陶弘景》诗曰：

> 我爱陶弘景，不受万乘束。挂冠事栖遁，归来卧空谷。
> 青山读玉书，白鹤下高木。乃知悟悦心，长日云相逐。

孙一元的诗乃是回应陶弘景撰写的《诏问山中何所有赋诗以答》一诗，原诗云："山中何所有，岭上多白云。只可自怡悦，不堪持寄君。"[1] 皇帝诏问陶弘景：山中有什么？陶弘景回答：岭上多白云，但这白云只可供自己欣赏和愉悦，不能将它赠送旁人。陶弘景以"白云"比喻山中清静的修行道业，就算是日理万机的帝王，也不能将白云据为己有。

---

[1] 传霄：《华阳陶隐居集》，《道藏》第23册，文物出版社、上海书店、天津古籍出版社，1988，第643页。

2 真灵位业

陶弘景对道教的重要贡献之一在于整理了等级明确的神仙谱系，构造了《真灵位业图》。陶弘景认为，仙人亦有品级、数量的规定。人们拜奉神仙，更应该知道仙真次序，这样才能在思神、请神时，明晰礼请神祇的尊卑和职能。而当时的神仙品秩过于混乱，神祇名号不易辨别。陶弘景通过对比当时留存的众多道门经典，对所见的上真、仙圣之等级进行了分别条目、辨析宗源、考订品序。

陶弘景将神祇谱系分为七级，每一级代表一个天界神域，分中、左、右三阶神灵，中位为主神，掌管此境。由于书中载录的神灵名号繁多，且许多神灵的真实名讳已然隐去，我们不便照录，以下只简要介绍《真灵位业图》的七级体系。

第一级为"玉清三元宫"，中位主神为"上合虚皇道君"，即元始天尊。左右神灵皆承元始天尊策命，于天尊处学习道法。元始天尊也是天界职位最高的神祇，受到天人仰奉。

第二级为"上清境"，中位主神为"上清高圣太上玉晨玄皇大道君"，又称"太上大道君"。传说他是元始天尊的分身，也是元始天尊的弟子，是为"万道之主"。"紫薇元灵白玉龟台九灵太真元君"（西王母），"紫虚元君魏华存"、许谧、杨羲等上清经系的主要传承者，分布在此区域。

第三级为"太极境"，中位尊神为"太极金阙帝君"，传说他姓李名弘（或弘元），会在壬辰年下凡教化世人，是为"太平主"。六朝时出现了许多打着李弘旗号聚众起义的民间团体。如寇谦之《老君音诵诫经》中记载，因为当时流传"老君当治，李弘应出"的谶语，所以各地名李弘的人"岁岁有之"。他们"惑乱万民，称鬼神语""称官设号，蚁聚人众，坏乱土地"，是以寇谦之为代表的新道教排斥和打击的对象。这一等级中，还分列有颛顼、帝舜等前代帝王，以及安期生、尹喜等道教人物。

第四级为"太清境"，中位主神为"太清太上老君"，即被道教神化后的老子。太上老君被道教尊为"教祖"，具有极高的地位。此神域内，左位以"正一真人三天法师张讳道陵"为尊，又有许多信奉黄老道家的历史人物，如鬼谷子、张良等分布其间。

第五级中位为"九宫尚书"。陶弘景解释说：此大神本名张奉，亦名张激子，字公先，河内（今河南省北部）人。张奉也是历史上真实存在的人物，传说他得遇仙人授以道法，迁入天上的东华宫。"九宫"的说法一般有两种：其一为天上的宫阙，对应地上的九个方位（八方和中央）；其二是道教存思术中，譬喻"脑中之九房"。

第六级中位为"右禁郎定箓真君中茅君"，系"三茅真君"中的二茅君。所谓"三茅真君"，分别指"司命东岳上真卿太元真人茅君"（茅盈）、"右禁郎定箓真君中茅君"（茅固）、"三官保命小茅君"（茅衷）。其中，大茅君居《真灵位业图》第二级左位第十四，小茅君居第六级左位第一。此外，第四级的左位也有"句曲真人定箓右禁师茅君"，陶弘景解释曰：中茅君为"地真"，是为"地仙之长"。

第七级中位为"酆都北阴大帝"。据陶弘景注释：此神为炎帝，名"庆甲"，是为天下鬼神之宗，治理罗酆山，三千年一交替。此一级为鬼府职属，掌领者多为历代崇尚武事的帝王、将领。左第一、二位是秦始皇嬴政和魏武帝曹操。

这七重境界中的神灵，既有元气化生的至上尊神，又有前代的历史人物。据学者研究，《真灵位业图》并非陶弘景重新创作，而是综合了魏晋时期上清经典和《元始上真洞仙记》《酆都记》等文献纂辑而成。《真灵位业图》中吸纳了大多数存在于西汉时期《列仙传》中的神灵，这体现了它对道教神仙谱系的继承性。

也有学者认为，此书与大约同时期的《七域修真证品图》有相类之处。后者将修真境界分为七层，分别是洞宫仙人、虚宫地真人、九宫真人、太清上仙、太极真人、上清真人、玉清圣人，而且每一层级都注明了空间介绍和修行法门。是书重在劝诱人们虔诚修炼，而非品定神格。

《真灵位业图》书影

明代王世贞认为，《真灵位业图》乃系依据《真诰》传抄的神仙名录进行编次而成，此书也有后人托名而作的嫌疑。清代王士祯也提出质疑，他认为图录中一些真实的历史人物出现了讹误，尤其将孔子、颜回等儒家圣贤列为道神，这是道士们希图通过附会儒家人物，而抬高自己。其中更有将孔子视为佛教"儒童菩萨"等现象，故王士禛认为这些做法都是在侮辱圣贤，所以他判定此书应系北宋时林灵素、刘炼等名声不好的道士写成。

《真灵位业图》不独盛行于道门内部，在世俗中也广为流传，代指文人心目中的神仙世界。清代，仍有许多以"真灵位业"来指代神仙向往的诗篇创作，如清凌廷堪《游仙诗》云："七宝为犁玉琢锄，琼田日日种明珠。耕霞麟子肥于犊，不羡真灵位业图。"

3 茅山上清

茅山（今江苏句容市内）古名"句曲山"，毗邻金陵，后世美誉为道教第八洞天、第一福地。人们常说"句曲之山，金坛之陵，可以度世上升"，又称此间为"养真之福境，成神之灵墟"。传说汉代有三茅真君来治此山，人们为之立庙供奉，山因之而得名。

在陶弘景入茅山以前，上清派就已经在当地孕育、生长。上清派，又称上清经系，传说西晋女道士魏华存将三十余卷《上清经》和许多修仙法要，以"降真"的方式，传授给"灵媒"杨羲，由杨羲用隶书把这些修真秘诀写出，传授给江东奉道世家许谧及其幼子许翙。

清代三茅真君像
北京白云观藏

后来由于战乱，许翙之子许黄民携真经避乱江浙，《上清经》得以流传。许多江东道士纷纷传抄，由此形成了一个颇具规模的修道团体。上清经系信奉元始天尊、太上大道君等神灵，以南岳魏夫人为祖师，主要传习《上清大洞真经》《黄庭经》等典籍，重视存思、服气等炼养之术。

陶弘景曾师从上清派传人孙游岳，从他那里得到了一部分杨羲、许谧、许翙等人手书的神真降诰。后来，在江南各地游历的过程中，陶弘景又获得了真人手迹十余卷，从而萌发了对其进行系统整理和编订的想法。其实，南齐时道士顾欢就曾搜集整理过杨、许等人的手书旧迹而成《真迹经》。但陶弘景认为其中真伪掺杂、多有谬误。陶弘景批判吸收了《真迹经》的成果，最终编纂成《真诰》。

该书是记述上清派神祇信仰、创教历史和修行秘术的重要经典。"真诰"即"真人口授之诰"，指神仙下降口授经典。《真诰》一书记述了魏华存等仙真降临人间劝导杨、许等人勤学修道，并为之晓谕祸福、解说秘诀等事。书中记载了许多久已湮没不闻的早期道教经典，以及许多历史人物和神仙故事，是研究早期道教史的重要资料。

陶弘景还撰著了《登真隐诀》《周氏冥通记》等。《登真隐诀》汇集了大量的修行登仙秘术，不仅涵盖了存神内观、导引按摩等上清派新兴的修炼方法，还保存了请神上章、符咒驱鬼等天师道的传统法术。《周氏冥通记》记录了陶弘景的徒弟周子良与神仙感通的事情：从天监十四年（515）五月二十三日到天监十五年（516）十月二十七日服下"九真玉沥丸"为止，在这一年多的时间里，周子良在仙人的指导下学习道法，最终辞别尘世，仙化而去（年仅20岁）。该书也是记录六朝时期茅山上清派的重要资料。

此外，陶弘景还撰有《养性延命录》，对修炼理论提出了很多具体的指导方法，强调从两个方面入手：一是养神，二是炼形。养神主要包括守静、守一、服气、行气等。炼形则包括服食、导引、辟谷、房中术等。

陶弘景隐居茅山四十余年。他在山中修造了华阳馆，一方面广泛搜集上清派经典，编纂整理上清派的历史和秘术；另一方面大规模招收门徒、吸引名士，弟子多达三千人。一时间，茅山成为上清派最重要的活动中心，陶弘景也被后世奉为上清派第九代宗师。

上清派在道教史上显得别具一格，具有鲜明的人文气息。有学者对上清派的主要特点进行了归纳。

首先，上清派的历代宗师大都出身于官僚士人阶层，具有较高的文化素养。他们倡导存思内炼、追求个体的修行成仙，注重对精神世界的追求，对道教理论的塑造和完善做出了重要的贡献。其次，茅山宗的修持方法以思神、诵经为主，同时也兼习传统道教的经戒法箓。其修行特点为简约易行、清净寡欲。最后，上清派的领袖一般与统治者、官僚士大夫、知识分子保持比较融洽的关系。在几任帝王的支持和众多名士的推动下，上清派在六朝时得到了迅猛发展，逐步成为"前期道派之冠"。

六 广成先生：杜光庭

杜光庭是晚唐道教思想的集大成者，对唐以前的道教理论与实践进行了系统总结。杜光庭重视道教文献的搜集与整理，并对《道德经》《清静经》等道教基本典籍进行了注疏和诠释。他还对各种纷杂的斋醮仪式进行了整理与规范，有力地推动了道门科仪的秩序化。

1　弘教大师

杜光庭（850～933），字圣宾（一作宾圣），号东瀛子（或称登瀛子），处州缙云（今属浙江丽水）人，一说为长安（今陕西西安）人。杜光庭少年时即博览群书、志趣高迈。唐咸通年间，青年杜光庭应"九经举"[1]不中，愤然入道。他拜天台山（在今浙江天台县）道士应夷节为师，成为唐代上清派高道司马承祯的第五传弟子。

关于杜光庭入道之事，北宋史学家陶岳撰写的《五代史补》中记载：当时长安有一位异士名叫潘尊师，具有极高的道术，为唐僖宗李儇所赏识。杜光庭十分钦慕潘尊师，数次前去拜访。后来唐僖宗游历蜀地，看到蜀中道教势力衰微、道风倾颓，希望能有一位名士前来重振风气。唐僖宗回驾长安以后，诏请潘尊师为自己挑选贤才。潘尊师向唐僖宗举荐了杜光庭，潘尊师这样形容杜光庭：其人性简而气清，量宽而识远，目下久困于风尘，心中早已经把"名利"二字视如敝屣。唐僖宗遂召见杜光庭，一见大喜，赐给他紫衣，令其前往蜀中振兴道教。

---

[1] 九经举是唐代取士的考试方法之一，即朝廷通过对"三礼"（《周礼》《仪礼》《礼记》）和"三传"（《左传》《公羊传》《穀梁传》），以及《易》《书》《诗》的考试选拔人才。

按照唐朝典制，三品以上的官服为紫色，有些人未至三品，但皇帝推恩特赐，准许其着紫色官服，以示恩宠。此外，帝王也常常会"赐紫"给一些佛道士，表达对他们修为的肯定。

又据《历世真仙体道通鉴》记载，杜光庭入道以后，投入了大量精力整理道教科法典籍，对它们考订真伪、条列始末。宰相郑畋偶然看到了杜光庭的文章，将之上呈僖宗。僖宗看后很是喜欢，遂召见杜光庭，赐给他紫服、象简，提拔为麟德殿文章应制、内供奉，朝夕陪伴于皇帝身边。唐僖宗又赐封杜光庭为"弘教大师"，是为道门领袖。时人对杜光庭的评价非常高，认为当时的学者中，能扶宗立教者，唯杜光庭一人而已。

唐中和年间，黄巢之乱祸及京师，僖宗离开京城避难，杜光庭亦随驾侍奉。杜光庭在途中偶遇异人点化，遂向僖宗上表，请求入成都暂居。

杜光庭最喜蜀地青城山白云溪，认为此间白云缭绕、山溪环流，一派仙灵气象，于是在此结茅庐居住。

时有西川节度使王建（847～918）在蜀中称帝，建立前蜀。王建认为杜光庭虽不善言辞，但具有经国治世之才，故召请他做太子的师父。王建对杜光庭说：汉代有"商山四皓"，不如我有先生一人。然而，杜光庭不愿意在宫中居住，遂举荐旁人代理，自己仍居山中。但王建遇事时，仍不断派人向杜光庭咨询。

杜光庭对蜀地道教的发展贡献很大。他初入蜀时，就向蜀主王建宣扬道教，说王建是东周太子晋的后嗣，使王建大为欢喜，也很支持杜光庭的弘道事业。杜光庭钟爱青城山，他广泛动员当地官民和道士修复宫观、组织法事，使青城山成为举行周天大醮以及大型黄箓斋仪的主要地点。青城山是早期道教名山，道教第五洞天"宝仙九室之天"，

(清)黄慎 《商山四皓》图轴(局部)
北京故宫博物院藏

但由于战乱而逐渐没落,在杜光庭的努力下重又复苏。蜀中人对他有很深的情感,如南宋道士吕太古集《道门通教必用集》中曾有记述:天师(张陵)立教于西蜀,广成(杜光庭)终老于益州(今四川一带),故蜀中之人以奉道为盛。

后唐长兴四年(933)十一月,杜光庭身着法服,端坐堂中羽化。吕太古也谈到杜光庭死后葬在青城山清都观,后来棺椁被打开,内中只有一只鞋子,真身早已尸解而去。

杜光庭一生备受尊崇。蜀主王建赐其"广成先生"之号,擢为谏议大夫，封蔡国公，又迁户部侍郎。"广成先生"原指上古黄帝时期的广成子，传说黄帝被立为天子后，闻广成子在崆峒之山，故往而见之。杜光庭曾被赞誉"峒山之美号"，即源于此事。后来前蜀后主王衍即位，尊杜光庭为"传真天师"，特进为"检校太傅太子宾客兼崇真馆大学士"。

杜光庭在撰写的《太上洞渊神咒经序》中署名为："唐引驾传真天师特进检校太傅光禄大夫行尚书户部侍郎崇真馆大学士上柱国彭城郡蔡国公弘教大师金门羽客文章应制内殿供奉三教谈论广成先生食邑五千户实封一千六百户赐紫杜光庭。"这段冗长的名号中，包含了杜光庭一生所经历的官职和身份，可谓优崇至极。

2 修身理国

杜光庭的思想主要体现在其作品中,他一生笔耕不辍,著作丰富。北宋张唐英撰《蜀梼杌》谈到杜光庭之撰述约有千余卷,文字皆以无为为本旨。

我们大致将他的作品分为三类:其一为经典注疏,以《道德真经广圣义》《太上老君说常清静经注》为代表;其二为志怪仙传,以《墉城集仙录》《洞天福地岳渎名山记》《道教灵验记》等最为著名;其三为科仪典籍,尤其体现在他对道教斋仪的整理方面。此外,还有许多诗文集,记述了杜光庭的个人志趣。杜光庭的科仪成就我们另辟专节进行论述,以下,我们就其经典注疏、神仙信仰和文学作品进行简单分析。

首先,杜光庭对各种《道德经》注本进行整理与疏正。自《道德经》成书以来,历代先哲明君、鸿儒硕学对此书的诠释、笺注多达六十余种。杜广庭认为,虽然这些注本数量很多,但注疏者多拘囿于自己的认知背景,不能全面阐发《道德经》的内中真意,唯有唐玄宗李隆基亲自注疏的本子堪称典范。此注本秉承"内则修身之本""外即理国之方"

的原则，兼具了修身养性和无为治国的双重理解，可谓切中要害、识道之本。所以杜光庭作《道德真经广圣义》来进一步发挥唐玄宗的注疏内涵。他一方面把唐玄宗的注本抬升到与经典相同的位置，既彰显了御制疏文的尊崇，又便于经典的传播；另一方面在唐玄宗注疏的基础上再行发挥，为后世道流垂范正源。

杜光庭注疏的经典还有《太上老君说常清静经注》《黄帝阴符经集注》等。他并没有试图直接建构自己的思想理论，而是通过注疏的方式，来阐发自己对"道"与人、天、自然之间关系的理解。他希望以这种"述而不作"的方式来阐扬道法，使人们对"道"有一个尽可能全面的认知，以免修道者局限于自身的学识背景而偏执于一面、管中窥豹。也有学者认为，杜光庭用重玄学派的思维方法来理解老子思想，一定程度上提高了唐代道教的整体理论水平。

其次，是杜光庭对神仙信仰的记录。《墉城集仙录》是杜光庭仙传作品的代表之一，主要内容是记述历代女子得道升仙的故事。杜光庭从多方面向人们论证，世上实有成仙之事。

（元）赵孟頫 《太上老君说常清静经》

第一，凡夫去俗登仙、长生度世的例子历代有之，如秦朝阮苍、汉代刘向相继有述作传世，又有《洞冥书》《神仙传》《道学传》《集仙传》《续神仙传》《后仙传》《洞仙传》《上真记》等神仙故事被编次收录成书。第二，道教经诰、玄图秘录等典籍也是汗牛充栋、粲然可观。第三，书典中对神仙的职能和行迹也多有记录，譬如各处山川水泽都有神仙主掌，"举头三尺有神明"，这些神仙时常四处游历，考校人间是非功过等。许多史官也毫不吝惜笔墨，对一些神异人物进行描写，可见这些想象和传说中的神仙事迹并非空穴来风。

此外，历代又有名山福地之篇、搜神博物之记、仙方药品之文流传，这些典籍通过引录姓名、书写传记、考校现实等方式言说神异故事。就如杜光庭在《录异记》的序言中所秉持的：怪力乱神等事，虽然圣人不愿说起，但经诰史册之中却随处可见。

但杜光庭并非有意宣扬光怪陆离的神仙异事，他更强调这些事迹背后的教化作用。他的《道教灵验记》《神仙感遇传》《录异记》等书中大量叙述了道教的地狱、冥界观念。冥界是人们死后的去处，杜光庭从先知先见的视角来描画人离世后的未来境遇，而这个境遇的优劣取决于人们在世时的行为。杜光庭认为，人性中天然存在恶的一面，所以才要在政治上设立天子、臣僚管理民众，才会有圣人出现来教化世人。若人们常行善事，就会得到上天的福佑，反之，

（明）仇英　《玉洞仙源图》
北京故宫博物院藏

六　广成先生：杜光庭｜81

则会被施以殃咎。圣人的责任在于帮助世人彰扬福善、戒除邪祸。

他还列举了许多历史上流行久远的幽冥传说,明确了其"直笔不遗、良史攸载,足可以为罪福之鉴戒、善恶之准绳"的写作目的,为人们阐发"幽则有鬼神,明则有刑宪,斯亦劝善惩恶"的伦理秩序。其最终指归则在于阐明"太上好生"之本旨,展示善恶报应之规律,劝人改恶向善,应纳福泽。杜光庭认为:妙道、至神常常深不可测,但我们可以通过这些传说、"实录"的灵验事迹,来感悟道之规律,消弭恶行,阐扬善道。

有学者认为,杜光庭喜欢谈论神仙故事,这些事迹多为杜氏自己编造,故"杜撰"一词的由来或源于此。其实"杜撰"一词另有来历,它是说宋代诗人杜默写诗多不合逻辑与韵律,所以人们常以"杜撰"指称他的诗文。杜光庭的作品的确有许多不合逻辑的神秘之处,但其来源于道教传统的神仙信仰,而且意在通过这些神仙异事来阐发自然之道、人性之实,劝诱人们思善行善。也正是看到了这些作品在教化世人过程中发挥的重要作用,宋徽宗在御制《道教灵验记》序中对杜光庭进行了褒奖,称赞他的著述乃是"庶资讯范,克畅淳风"。

最后,是杜光庭的文学作品。杜光庭的文学成就和个人志趣体现在他创作的传奇小说和诗文中。如张唐英指出:杜光庭著《山居百韵》《纪道德》《怀古今》,可堪教化之范。杜光庭在《怀古今》中云:"吾所以思抗迹忘机,用虚无为师范。吾所以思去奢灭欲,保道德为规箴。不能劳神效苏子张生兮于时而纵辩,不能劳神效杨朱墨翟兮挥涕以沾襟。"[1]我们从这段文辞中也可以看出,杜光庭虽委身道门,但仍然心存治世教化的理想,只是世道艰难,才不得已寄身林泉。杜光庭虽

---

[1] 彭定求等:《全唐诗》卷八五四,中华书局,1980,第9668页。

为享誉一时的大道士,但他壮年时披览儒学典籍,儒家身为世范、经世致用的思想也深刻影响着他。故他也曾豪迈地说:"兵气此时来世上,文星今日到人间。降因天下思姚宋,出为儒门继孔颜。"[1]

他在《富贵曲》中也表现出了对世事的关怀,如云:"美人梳洗时,满头间珠翠。岂知两片云,戴却数乡税。"[2]这种"出世"与"入世"俱不可得的矛盾心态,在《山居三首》中表现得更为直观,其诗句云:"闷见有人寻,移庵更入深。"意思是说,杜光庭厌烦外客来访,为了避世远人,将居所不断向山林深处转移。每日里"醉劝头陀酒,闲教孺子吟",身如云外飞鹤,不得世尘侵扰。但人生在世局之下,总是免不了被世事浸染。虽然杜光庭坚持"不求朝野知,卧见岁华移",日常也只是"采药归侵夜,听松饭过时。荷杆寻水钓,背局上岩棋",却又见"祭庙人来说,中原正乱离",可见,尘世之嚣避无可避。[3]

(民国)施定夫 《风尘三侠》

"风尘三侠"的传说出自杜光庭撰作的传奇《虬髯客传》,在民间流传甚广。画中的三位侠客分别是李靖、红拂女、虬髯客。

---

[1] 彭定求等:《全唐诗》卷八五四,中华书局,1980,第9669页。
[2] 彭定求等:《全唐诗》卷八五四,中华书局,1980,第9666页。
[3] 彭定求等:《全唐诗》卷八五四,中华书局,1980,第9667页。

3　垂科立范

唐代，斋醮科仪颇受官方重视。当时官方采纳了七种斋科类型：其一曰"金箓大斋"，此斋能调和阴阳、消灾伏害，为帝王国主延祚降福；其二曰"黄箓斋"，此斋能拔度先祖，帮助已故的先人远离苦难，升入福堂；其三曰"明真斋"，此为学道者自我斋戒，消解前世宿怨；其四曰"三元斋"，每年正月十五为上元天官赐福日，七月十五为中元地官赦罪日，十月十五为下元水官解厄日，此斋意在向三官忏悔自身罪责；其五曰"八节斋"，在立春、春分、立夏、夏至、立秋、秋分、立冬、冬至八个节气日长斋诵经，是为道众修身求仙之法；其六曰"涂炭斋"，此斋可以消解一切急难；其七曰"自然斋"，此斋意在为一切苍生祈福。

杜光庭尤其重视对道门科仪的编辑和整理。据研究者统计，仅明《道藏》中保存的经杜光庭修订、编辑的斋醮科仪典籍就有二百卷之多。这些著作促进了道门斋醮仪式的规范化，成为唐以后道门斋醮仪式的范本。因此，杜光庭与刘宋陆修静、中唐张万福，并称为"科仪三师"。

南宋道士金允中认为：道教科法自张陵创教、陆修静撰集以来，渐成规模。但由于岁月绵邈、战乱频仍,许多典籍散佚、仪式废弛。至唐代,始有杜光庭搜集整理经典,辨别真伪、条列始末,使科仪之书日趋完备,成为后世羽流遵行的范式。金允中强调,杜光庭在编集斋科著作的时候,身在京师翰苑,所有朝廷典籍、省府图书、二京秘藏俱可搜取查览,所以他的撰述皆有据可查、有典可依。

南宋道士王契真《上清灵宝大法》中也对这段科仪经教体系的传承做了详细的梳理,他尤其肯定杜光庭对斋仪发展的贡献。王契真认为,斋法仪典古有定式,杜光庭在前人的基础上极力编校,自始至终都依循古法,参详经诠典籍,非妄自"杜撰"而成。杜光庭撰写的科书文体严整、典式条畅,能彰明古训、启示来人,使得道教斋法典章自此完备。

杜光庭对道教斋仪的整理主要体现在以下几点:

第一,确立了先"斋"后"醮"的原则。杜光庭主张在斋仪开始前先举行古法"自然朝",在散坛时增设"谢恩醮"。这一举措使斋仪流程更加完备,也使仪式思想更加丰富。所谓"自然朝",即高功法师朝礼天尊,宣扬戒誓,令斋坛各处秉持教戒、静心洁虑、专于斋事。杜光庭认为,"自然朝"是"斋之祖宗",斋事前先行"自然朝",以示不忘本。"谢恩醮"的意思是在斋事结束以后,设立醮筵,礼请参与斋事的仙真、神吏,感谢他们为斋事付出的辛劳。此后,道门科仪形成了一套规范化的"节目"流程,从"告斋"("自然朝"的演化)开始,以"醮谢"散坛。杜光庭制定的先"斋"后"醮"的仪式规范,被后世羽流奉为圭臬。

第二,革新奏章文辞。唐代道教在官方的支持下渐成为社会主流,道门科仪也深受宫廷礼仪的影响,一改昔日质朴风貌而日趋庄重典雅。科仪中使用的各类文书,如奏表、辞章、疏启、颂赞、咒诀、愿念等,开始受到高道与士人的重视。相关内容的撰述出现了文学化倾向，文字措辞的美感得到了极大提升。杜光庭十分重视辞章、奏表等仪式文书的撰写。据学者统计，《广成集》共计收录30多通斋词、180多通醮词，其内容涉及修斋设醮、祈福禳灾、保生度死、趋吉避凶等各类斋醮仪式活动。他撰作、润色和修订了大量的仪式用词，力求清丽流畅、辞藻考究，成为后世斋醮科仪的范本。

第三，整理与规范黄箓斋仪。黄箓斋的主要目的是济幽度亡、为先祖解除冤结，亦可为举行法事的家庭祛灾求福、谢罪忏过。杜光庭充分肯定了黄箓斋的济度功用，赞誉其为道门"开度第一事也"，对其进行了大力推广。他在当时流行的黄箓斋仪的基础上进行搜集和整理，最终编撰成《太上黄箓斋仪》五十八卷，使黄箓斋仪科条大备。

小知识◎商山四皓

秦末著名的四位隐士，他们本为秦宫博士。秦朝败亡以后，四人入山归隐，义不事汉。汉高祖刘邦听闻四皓之名，屡屡礼请不至。后来刘邦想要废黜太子，张良献计，请太子写一封言辞谦恭的书信，配备舒适的马车，派能言善辩之士请来了四皓。刘邦以为太子与此四人交往，必然羽翼长成，就放弃了废太子之心。后人常以"商山四皓"来譬喻有名望的隐士，或辅佐储君的名士。

七 紫阳真人：张伯端

宋元以降，道教分为两大派别：符箓派、丹鼎派。其中，丹鼎派又称内丹派，大多遵奉唐末五代时人钟离权、吕洞宾为鼻祖。进入宋代，金丹派南宗异军突起，在南方地区的民间社会中有广泛影响力。该派以北宋张伯端为创教祖师。

1 南宗祖师

张伯端像
中国社会科学院历史研究所藏明代彩绘
《全真宗祖图》（局部）

张伯端（984～1082），天台（今属浙江省）人。他少年时博览群书，广泛涉猎三教经典，又能兼收并蓄，精通刑法书算、天文地理等各家知识。据说他曾做过太学生，立志以儒业作为晋身之阶。但数次应举不第，只得在当地临海县做了一名县吏。

据记载，年轻时的张伯端素好食鱼，三餐不可无鱼。一日，家中婢女送饭至县衙。张伯端发现篮中无鱼，认定是婢女偷吃，而施以责罚。婢女不堪受辱，上吊自杀。数日后，有虫子从梁上掉落，张伯端循迹觅得已经腐烂的鱼。原来是同僚和他开玩笑，将鱼藏于房梁之上。婢女受冤而死，令张伯端愧疚不已。

借由此事，张伯端痛加反思，认为以往审理的那些案件，不知有多少件"窃鱼"冤案。于是他愤然将本署所有的卷宗尽数烧毁，并作诗云：刀笔随身四十年，是非非是万千千。一家温饱千家怨，半世功名百世愆。紫绶金章今已矣，芒鞋竹杖任悠然。有人问我蓬莱路，云在青山月在天。[1]结果，张伯端因触犯"火烧文书律"，而被遣戍边——"谪岭南兵籍"。

此后，张伯端"浪迹云水"，足迹遍及两广地区。在这个时期张伯端偶遇异人传授"混元道法"，但所得并不完善，所以他一直游历四方，孜孜不倦地访仙问道。

北宋熙宁二年（1069），张伯端随龙图阁大学士陆诜（1012～1070）入蜀，得遇道士刘海蟾（一说为青城丈人），得授"金液还丹火候之诀"，遂改名为"用成"，号"紫阳"。

关于这段经历，张伯端曾经感慨地说：我一生皓首穷经，阅尽诸家诗词章句，希图寻找金丹法诀。但是书典中的记述都非常含混，既没有明确解析"真铅""真汞"等修行药物的具体含义，也没有翔实地记录"火候""法度"等修炼诀要。我虽然遍寻海岳山泽，走访高道大德，但都没能通晓真宗、领悟至理。终于在成都得遇真人授法，其言甚简、其要不繁，使人"雾开日莹，尘尽鉴明"。

后来张伯端又进一步将仙真传授的法诀同玄门已有典籍进行对比研究，对所得法诀更加能融会贯通、心领神会。张伯端认为自己得到仙真垂眷，乃是他"夙志不回，初诚愈恪"所致，故感叹道：金丹之道非得有口诀心法、名师指点，才能通晓奥义。

张伯端将他所领悟的法诀精粹，以诗歌的形式写成，集作《悟真

---

[1] 陶元藻：《全浙诗话》卷二十，中华书局，2013，第286页。

刘海蟾像
（明）洪应明撰《仙佛奇踪》插画

篇》。其中包含81首诗，12首西江月（词牌名），将修炼金丹所涉及之鼎器、药物、火候、主客、先后等元素尽可能周详地含纳其中。张伯端又将自己的体悟写成歌颂、乐府及杂言附在卷末，希望修仙者能够从中领悟本然、舍妄从真。

后来陆诜离世，张伯端辗转至秦陇（今陕西、甘肃地区）。据记载，张伯端曾在扶风（在今陕西省境内）供职于知府马处厚帐下，又逢马处厚被征召离任。临行前，张伯端将《悟真篇》赠予马处厚，并嘱托说：我毕生之学尽在其中，愿你能将这本书流布于世，必然会有读此书而意会吾意之人。马处厚又辗转将《悟真篇》传授给陆诜的后人。道士翁葆光偶得此传本，写成《悟真篇注》，对后世影响甚大。

也有一种说法称，张伯端所撰丹诀与当时社会伦常相抵牾。如明代张萱《西园见闻录》认为：《悟真篇》中所记载的都是"夺胎换舍"之术，纵然可致长生，必定为君子所不忍为。古来圣人不言仙，是因为仙家之术太过奇异，终究不可归于人伦道统。所以，张伯端在凤州（今陕西凤县）传道时，曾被太守处罚，被施黥刑，放逐至邠州（今陕西彬州）。机缘巧合下，张伯端遇到了他第一个至关重要的传人石泰。石泰作《还源篇》阐扬其师之道。

张伯端炼成金丹以后，自称"张子野人"。他身披百衲衣，自成都归还故山，在青山绿水之间结庐筑室，颐养天年。

张伯端属于"大器晚成"的人。他年轻时落魄，到了晚年才悟真证道，最后在天台山百岁岭上安度余年。传说岭上至今仍存有张伯端修炼遗迹。后世遵其学者，被称为"天台仙派"。

张伯端于宋元丰五年（1082）三月十五日坐化。他在临终前留下一首著名的《尸解颂》："四大欲散，浮云已空，一灵妙有，法界圆通。"

张伯端的遗体被火化成舍利子，大小如芡实，"色皆绀碧晶莹"。其弟子认为，这就是道书所说的"舍利耀金姿"。道门中人认为，高道仙体火化以后，所得之物俱是由"精气凝结而成"，若道人的舍利呈现为异色，则预示有神仙来迎接，引其登升天界。

张伯端又被称为"南宗之祖"。南宋以降，道教金丹派开始出现"南宗"与"北宗"的分野。明代大儒宋濂就曾论及：宋金以来，道教内炼学说炽盛，南北分为二宗。南则天台张用成，其学先命而后性，"世所号南宗者也"；北则咸阳王中孚（王重阳），其学先性而后命，"则世所号北宗者也"。

"南宗"的传承以张伯端为首，张伯端—石泰—薛道光—陈楠—白玉蟾。至白玉蟾时，他广泛吸收佛教禅宗思想，构筑理论、建立组织，将"南宗"发扬光大。以上五人又被称为"南宗五祖"。

有学者研究认为，"南宗"从张伯端到陈楠四代的传承中，只是个人之间的丹诀秘传，并没有形成系统的教团组织、本派宫观和群体

白玉蟾像
中国国家典籍博物馆藏明抄彩绘《御制全真群仙集》(局部)

道众。"南宗"之名也是后人为了研究之便利进行归纳而成的。这个教派从形式上讲更类似于"学派",但其宗旨和行为又具有明确的宗教性质,故又可称为一种"特殊的宗教"。

2　悟真名篇

《悟真篇》是张伯端的代表作,是张伯端对汉代丹经《周易参同契》的再发挥。《周易参同契》为东汉魏伯阳所著,世称"万古丹经王"。该书约六千余字,以四言或五言韵文写成,假借《周易》卦爻论述丹道思想。元代儒士戴起宗称:《悟真篇》明确区分了道士对性功和命功的修炼,教导人们应当内外兼修,训导人们各自努力修持,其垂世立教之功,可与《周易参同契》并传不朽。清代《四库提要》注云:此书专明金丹之妙,与魏伯阳《参同契》并为道家正宗。

张伯端亦毫不讳言受到了《周易参同契》的影响,他说:

(元)赵孟頫　《周易参同契》

大丹之妙在于取法乾坤、五行，万物在变动中生成运化，产生吉凶悔吝。百姓日用而不知，圣人却可以寻究本源。易道的妙处在于将无形的乾坤变化之理熔铸在有形的物象中，并用文辞详细地表达出来。他将这些卦象与内丹修炼相融合，如以坎离象征男女、水火，以震兑象征龙虎、魂魄，以月之盈亏表示精神的衰旺，以太阳的出没喻示身体之寒温。但张伯端也强调，《易传》本来是立言以明象、设象而指意的，如果明白了物象之理，就不需要滞于僵固的话语。因为通达的人往往追求简易，执迷的人反而愈惑愈繁。

张伯端在《悟真篇》序言中表达了"人身难得，光景易迁"的遗憾，故有佛、道二教以性命之学劝人修行以逃脱死亡。佛教以空寂为宗，追求顿悟圆通和直超彼岸；道教以炼养为真，能得其枢要则可证道成仙。人们若不能明见本性，则必然滞于幻象、不能解脱。普通人虽然也意识到了长养生命的重要性，却苦于不懂修养之法。

张伯端认为，道教的修行方法主要有两种：一种是较为常见的，如服气、注想、按摩、吐纳、念经、持咒、辟谷、存思等。这类功法最易修炼，习之可以延年益寿、却病免灾，却不能令人登真成仙。而且这些功法需要长久地坚持才能有效果，一旦中断，就会前功尽弃。所以，这类法门可以称为"易遇而难成"之道。

另一种修行方法就是炼就"金液还丹"，张伯端称之为"难遇而易成"。"难遇"的原因在于，修习"金丹"需要洞晓阴阳大道、明晰造化玄理。这个过程既需要修习者具有高超的悟性，还要有修行机缘以及良师引导。"易成"的含义是说，一旦金丹炼成，就可以脱胎换骨、名上仙籍。张伯端将炼成金丹的时刻称为"大丈夫功成名遂之时"。

《悟真篇》中还体现了张伯端对道教"修性"和"修命"的看法。长期以来，道教内丹修炼一直存在"修性"与"修命"的争论。

道门中人认为：人的身体是由精、气、神三者结合而成。在这个有机体中，"性"和"命"是共生并存的。如明代陆西星《玄肤论》所言："性"是"神"的表现，"命"是"精"与"气"的组成。元代李道纯《中和集》云："性"乃是先天至神的一点明灵，"命"是先天至精的一丝精气。一般来说，"修性"意味着净化思虑，不使先天灵明遭受污染，其修行原则在于铸炼性情、体玄悟道；而"修命"的原则在于保养身体、不使朽坏，其修行要点在于保持先天精气至真至纯、不使外泄。

张伯端认为，修行步骤应当先"修命"，待"命功"铸成，"性功"自然成就。如《悟真篇》第十首诗云：已知寿永齐天地，烦恼无由更上心。第十一首云：炼成灵质人难识，消尽阴魔鬼莫侵。[1] 这两首诗比较能说明张伯端对"性"和"命"的理解。无论"修性"还是"修命"都是达到长生久视、悟道证仙的途径。通过调和龙虎、炼神摄魄等方法，修成金丹体质，达到龙虎不惧、鬼神不侵的结果。待生命之基铸成，登真成仙、超脱世道，自然不会再受凡俗之念侵扰，此即"命得而性自由"之意。而如果侧重"修性"的话，则可能会加重思虑，最终损害身体。古人认为，人的神识寄居在躯体中，躯体又称宅舍，若身躯朽坏或不调和，那么精神就不能安然寄托，会出现神游于外而不知返的情况。

张伯端得仙人指点，悟道以后认为，修行"金丹"之"药材"为人身本有。如《悟真篇》第六首诗云：人人本有长生药，自是愚迷枉摆抛……丹熟自然金满屋，何须寻草学烧茅。第八首云：时人要识真铅汞，不是凡砂及水银。第九首云："劳形按引皆非道，服气餐霞总是狂。举世漫求铅汞伏，何时得见虎龙降。劝君穷取生身处，返本还元是药

---

[1] 王沐：《悟真篇浅解》，中华书局，1997，第18、20页。

王。"[1]这几首诗都是说,所谓金丹上药并不是寻常可见的铅汞丹砂等物,而是人身体中本有的精气神,炼丹的本质在于炼化身内的精气神。只可惜,人们不能理解这个道理,只是一味追求外在的烧炼之道,而忽略了内练功夫。所以张伯端慨叹地说:"欲向人间留秘诀,未逢一个是知音。"[2]

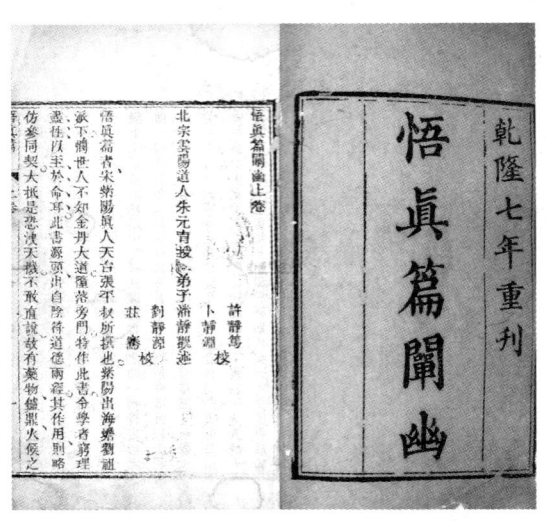

《悟真篇阐幽》书影

张伯端鼓励人们及早修炼、谨慎修炼。如《悟真篇》,第一首诗云:"不求大道出迷途,纵负贤才岂丈夫?百岁光阴石火烁,一生身世水泡浮。只贪利禄求荣显,不顾形容暗瘁枯。试问堆金等山岳,无常买得不来无。"第二首诗云:"人生虽有百年期,寿夭穷通莫预知。昨日街头犹走马,今朝棺内已眠尸。妻财抛下非君有,罪业将行难自

---

[1] 王沐:《悟真篇浅解》,中华书局,1997,第 11、15、16 页。
[2] 王沐:《悟真篇浅解》,中华书局,1997,第 20 页。

欺。大药不求争得遇，遇之不炼是愚痴。"[1] 这两首诗中，体现了张伯端对人生短暂和世事无常的慨叹。他认为应该把修行长生术作为一种功业来看待。人生经历中的荣华富贵、功名利禄都是修行路上的障碍，金银再多也无法延长生命。今日之荣盛未知明日能否延续，唯有长生成仙之事业才是最值得期待和追求的。所以张伯端也肯定地说："一粒金丹吞入腹，始知我命不由天。"[2]

在修炼方法上，张伯端强调从简、从心。他鼓励人们把修行放在寻常日用中，而不是一味地追求孤绝出尘。如《悟真篇》第五首诗云："须知大隐居廛市，何必深山守静孤。"又云："志士若能修炼，何妨在市居朝。工夫容易药非遥，说破人须失笑。"又云："俗语常言合圣道，宜向其中细寻讨。若将日用颠倒求，大地尘沙尽成宝。"[3]

张伯端认为金丹之道不应秘而不宣，凡有缘分、有悟性的人都可求得。他在《悟真篇》卷上，第十六首诗中说："莫怪天机俱漏泄，都缘学者自迷蒙。若人了得诗中意，立见三清太上翁。"[4] 正是基于张伯端对金丹传授方式的理解，也造成了他"所传非人，三遭祸患"的结果。据《居士传》记载：张伯端三传非人，三遭祸患。白玉蟾在《修仙辨惑论》中解释说：张伯端一心弘法，却疏忽了对弟子的考察，未能明辨徒弟的资质和人品。但关于"三传非人"的细节，诸书中并无著录。最后，白玉蟾也只是感叹：师在天涯，弟子在海角，又如何能时刻监督弟子的品行？何况碌碌尘寰之中，谁又能真正地了解一个人呢？

---

[1] 王沐：《悟真篇浅解》，中华书局，1997，第1、2页。
[2] 王沐：《悟真篇浅解》，中华书局，1997，第118页。
[3] 王沐：《悟真篇浅解》，中华书局，1997，第8、139、163页。
[4] 王沐：《悟真篇浅解》，中华书局，1997，第28页。

清人董德宁认为：《悟真篇》能畅发金丹之妙、详明内养之机。昔时魏伯阳提倡并发挥道家修丹法诀，数百年以后又得到了张伯端的呼应附和，二者可谓源流同一。自北宋以来，历代注解此书的人非常多，后世出现的注疏类文献达十多种。

张伯端的思想与佛教也有千丝万缕的关联。如明代释心泰撰写的《佛法金汤编》中认为，张伯端之《悟真篇》，是他广参佛典之后得到的启示。清代恽敬《望仙亭记》云：道教之说，老子、列子、庄子所言为释氏之先路也，一变而为徐福、栾大，再变而为张道陵，三变而为陶弘景、葛洪，四变而为寇谦之、杜光庭，五变而为张伯端、丘处机，然后复归于释氏。清世宗后来敕封张伯端为"大慈圆通禅仙紫阳真人"，认为张伯端虽属道教，但他撰写的《悟真外篇》实则通达禅理。

张伯端在《悟真篇》的序言中也表达了自己对"三教合一"思想的推重。他说：虽然教有儒、释、道之分，但三教本旨却是一致的。只不过后继之道士和僧人各自偏执于自家义理、相互诘难，致使三家宗要各自为是，不能混一而同归。张伯端也曾写下许多诗词偈语来申明佛法，并且强调修炼金丹应当兼通佛理。无名子翁葆光注本中也对张伯端的这一思想做了阐发。他在《悟真篇注释》序言中说：张伯端蕴性慈仁、慷慨持达，其所学穷理尽性以至于命，能通达"三宗"（儒、释、道）之妙用。

小知识◎张伯端游神折花

关于张伯端,有一个非常著名的传说。北宋时,有一禅师毕生修持戒定慧法门,自以为得悟了无上禅旨,能入定、出神,数百里之内可以顷刻到达。一日,禅师与张伯端竞技,约定出离元神,同往扬州观琼花。老僧抢先抵达,绕花三圈。张伯端到后,又说道:"今日你我二人神游至此,可各折花一枝以作凭据。"待元神返体后,张伯端手拈琼花,禅师却袖手皆空。禅师叹服,自此二人成为莫逆之交。

后来,有弟子询问个中缘故。张伯端回答说:我修行的金丹大道乃是性命兼修,聚则成形散则成气,所至之地,皆可睹神见形,此谓之"阳神"。禅师的修行急于见功,只修性宗而忽略了修命功。所以他所到之地,人们无法看到他的形影,此之谓"阴神"。阴神有性无身,故不能聚形,不能聚形则琼花不现。

八 全真教祖：王重阳

宋金之际，全真道在北方兴起，这是一个注重内丹炼养、性命双修的新兴道派。全真道的创教始祖是王重阳。王重阳以"全真"为号召，在胶东地区开宗立派、招收徒众，数年之间响应者云集。在动荡不安的年代里，全真教异军突起，短时间内风靡北方地区。这不仅有赖于王重阳及全真七子的积极推动，更是道教顺应时代潮流，不断调适与发展的必然结果。

1 开宗演教

王重阳像
（元）刘志玄撰《金莲正宗仙源像传》插图

　　王重阳（1112～1170），名中孚，亦名嚞，字允卿，咸阳（今陕西咸阳）人。王重阳出身于家业丰厚的地主家庭，常常接济身边的贫苦人。时值乱世，流民骚动，许多饥民入王家抢掠财物。事后，王重阳的祖父将流民告到官府，抓捕了数百人。但王重阳认为他们并非恶贯满盈的强盗，不过由于饥饿过度，才做出不法行为，建议将这些人全部释放。自此，王重阳在当地声名大噪。

　　王重阳早年修习儒业，又兼善武略。时值宋、金交兵于陕西，民众饱尝乱世之苦。南宋向金称臣议和，北方汉族复国无望。金朝的统治日趋稳固，通过开科取士来拉拢汉族人士。王重阳曾应武举，遗憾的是"文武之进两无成焉"，仅担任当地"酒税监"的小官职，郁郁不得志，日日酣醉于酒。

后来，王重阳离开咸阳，前往终南山刘蒋村创建别业安居，不再理会家中事务。他常常喝酒至半酣时高唱："昔日庞居士，如今王害风。"庞居士即庞蕴，唐代著名的禅门居士；"害风"为当地俚语，意味得了疯病的人。王重阳认为自己经历了从儒雅居士到癫狂疯子的转变，这其实是他佯狂傲世的表现。后来，乡间人看到王重阳都说，"害风来也"，王重阳也坦然接受。

金正隆四年（1159）六月十六日，王重阳在终南山甘河镇（今陕西西安鄠邑区甘河镇）遇到两位异人（一般认为是钟离权和吕洞宾）授以内丹歌诀。次年中秋，王重阳与二仙人又相遇在醴泉县（今陕西

吕洞宾像
中国社会科学院历史研究所藏明代彩绘《全真宗祖图》（局部）

礼泉县）。王重阳邀请二仙人入酒肆中交谈，得仙人传授五首歌诀。这五首歌诀是对王重阳生平经历和修行路径的预言和总结。

王重阳遇仙以后，诀别妻子，嫁出女儿，拂衣而去。他入南时村挖洞穴居住，命名为"活死人墓"。又以纸牌立于墓上，书"王害风灵位"，自号"重阳子"，别称"活死人"。此称号表明其长埋因果、回归虚寂的修行旨趣。王重阳在墓穴的四个角落各种植一株海棠，以示"将来使四海教风为一家"。

又过了三年，王重阳迁居刘蒋村北，在水中高地居住。王重阳在此间所说的话语满是出尘味道，乡人只以为他有"害风"之病，并不以为意。这期间，王重阳常常随身带着酒壶行走于市井，且行且歌。有人向他讨要壶中酒，他也是来者不拒，用酒壶直接取水给人，饮之却有浓烈的酒香。后来，又遇到一个神人带他啜饮神泉之水，王重阳但觉泉水香洌，自此不复饮酒。据说，这位带他饮神泉之水的人是全真教北五祖之一的刘海蟾。

后来，王重阳烧掉了自己的茅庵。有邻人前来救火，却见王重阳在火前手舞足蹈。邻人问其故，他预言说：三年以后自有人来重修。并作诗云："茅庵烧了事休休，决有人人却要修。便做惺惺成猛烈，怎生学得我风流。"[1]

烧掉茅庵之后，王重阳一路向东行进，并随身携带一只铁罐沿途化缘。他常说：我东方有缘尔。过咸阳时，他作了一幅画像，画的是一名出尘飘逸的道士，有三个发髻，画上又可见青松郁郁、白云缭绕、仙鹤婆娑。王重阳将此画赠予一个名叫史风仙的人，并说：待我他日擒得马来，你我一同再观此画。画中人就是他的大弟子马钰。后来马

---

[1] 秦志安：《金莲正宗记》卷二，《道藏》第3册，文物出版社、上海书店、天津古籍出版社，1988，第349页。

钰入关，史风仙将画像取来验证，画中的形象果然和马钰毫无二致。马钰入道以后，将身上绸缎改换成粗布衣衫，将头发结成三个发髻，以示三个"吉"字，正与王重阳的名"王嚞"相对应。为示尊师之意，马钰也常以"三髻山侗"自称。

过洛阳时，王重阳又拜谒上清宫，并在墙壁上留下诗句："丘谭王风捉马刘，昆仑顶上打玉球。"[1] 诗中的"丘""谭""马""刘"是王重阳的徒弟——丘处机、谭处端、马钰、刘处玄，此四人与后来入门的郝大通、王处一、孙不二，并称"七真"。

关于王重阳收"七真"的预言，元代秦志安编写的《金莲正宗记》中记载：王重阳在甘河桥遇仙人时，仙人让他向东方观看——但见东方有七朵金莲结子。仙人笑着说：岂止有七朵，将来还会有万朵玉莲绽放。同书又载：王重阳二次遇仙时，仙人指点他速往东海，丘刘谭中有一骏马，可以擒之。预言中的"丘""刘""谭"和"马"，就是王重阳早期最重要的四大弟子。

传说王重阳入宁海州（今山东烟台、威海一带）以后，与当地豪门望族马从义（马钰）结交，在马氏南园筑起一座庵堂，题名"全真"，也是后来"全真道"名号之滥觞。王重阳将庵门关锁百日，以"分梨十化"警悟马钰夫妇。王重阳借着赠予二人梨（喻"离"）、芋（喻"遇"）等物品的机会，附以诗文警示点化，对马钰入道循循善诱。大定八年（1168），马钰离家入道，号丹阳子。马钰出家以后，其妻孙氏亦拜王重阳为师，被赐名不二，号清净散人。

王重阳初期弟子中，除了马钰之外，最重要的是谭处端和丘处机。谭处端（1123～1185），字通正。谭处端曾患有荨麻疹，眉毛胡子全

---

[1] 秦志安：《金莲正宗记》卷二，《道藏》第3册，文物出版社、上海书店、天津古籍出版社，1988，第349页。

王重阳赠马钰夫妇《叹骷髅》图
此图为山西芮城永乐宫重阳殿壁画,图中王重阳画了一骷髅图像,警示马钰夫妇,并赠诗云:堪叹人人忧里愁,我今须画一骷髅。生前只会贪冤业,不到如斯不肯休。

都掉光了。他在病重将死时,乞求拜王重阳为师。王重阳给他一些水洗脸,他洗完以后又长出了须眉,荨麻疹也好了,遂正式拜王重阳为师。丘处机(1148~1227),字通密,登州栖霞(今属山东)人,自幼父母双亡,前来投奔王重阳。王重阳教他识文习字。丘处机才智敏捷,善于吟诗咏文。丘处机就是后来的"长春子",是兴发全真派最关键的人物。这部分内容我们将于后文详述。

王重阳在宁海时吸引了许多人前往拜师求道。王重阳常常对他们冷言冷语,甚至用棍棒敲打来磨炼他们的心志。许多人不能忍受,渐渐散去。最后得到王重阳赏识的只有马钰、谭处端和丘处机。后来,王重阳携弟子迁居昆嵛山（今山东省烟台市与威海市交界处）烟霞洞修行，这个过程中又陆续收了其余诸子。

王处一（1142～1217），号玉阳子，宁海东牟（今山东乳山）人。王重阳在去往宁海途中，将油伞掷于空中，油伞乘风而去，直到二百里之外的一个庵堂才坠地。这个庵堂的主人就是王处一。王处一见伞柄上写有"玉阳子"，遂引以为号，拜王重阳为师。王处一拜师以后，长期在昆嵛山烟霞洞中苦修，"九夏迎阳立，三冬抱雪眠"。如此苦心孤诣地修炼九年，终于得道。

郝大通（1140～1212），字太古，宁海人。郝大通自幼通晓阴阳卜筮之道，曾经在市井卖卜算卦。一日，王重阳入内倒坐在卦摊前，郝大通说：请真人回头。王重阳却问：你为什么不回头？说罢，拂衣而去。郝大通顿悟，追随王重阳出家，道号"广宁子"。

刘处玄（1147～1203），字通妙，号长生子，莱州（今山东莱州）人。刘处玄自幼丧父，对母亲极为孝顺。他曾在邻家的间壁里发现题字，"武官养性真仙地，须有长生不死人"，后来得以拜见王重阳，才知道此诗为师尊所写。王重阳入昆嵛山以后，来投奔的人很多，王重阳独纳刘处玄，称"钓罢将归又见鳌"。刘处玄也是王重阳的关门弟子。

王重阳又在文登（今山东威海文登区）姜实庵创立"三教七宝会"。后同马、谭、丘、郝返回海宁，当地人周伯通构筑庵堂延请王重阳居住，命名为"金莲堂"，又设立"金莲会"。王重阳陆续在登州、福山、莱州设立"三光会""玉华会""平等会"。此即早期全真教的雏形——"三州五会"，这是王重阳传教的重要事件。对于以师徒秘传的内丹道派而言，这无疑是空前的创举。王重阳在山东传教的时间仅有三年，但成绩卓著，在教义理论和教团组织等方面取得了显著的成效，为日

王重阳和全真七子
武汉长春观壁画

后全真道的兴盛奠定了基础。

金大定九年（1169）秋，王重阳留王处一、郝大通在胶东半岛昆嵛山继续修炼，他带领丘、刘、谭、马四大弟子返回关中。途径汴梁（今河南开封），因染病而滞留在当地一家旅店。次年（1170）正月初四日，王重阳召唤弟子前来，说要赴真师之约，并叮嘱徒弟：吾归之后，慎勿举哀。说罢，枕肱而逝。正在弟子们悲痛欲绝之际，王重阳忽然又开目坐起说：汝等何至于此，你们随我学道多年，难道还不能参透生死之事吗？然后，王重阳又将五篇秘诀传付马钰，命众弟子相互取益。金庸先生将此事记载改编在《射雕英雄传》中，是为王重阳假死复生，击退欧阳锋的情节。

王重阳逝世时58周岁，正对应他从前写就的谶语："害风害风旧病发，寿命不过五十八。"王重阳逝世以后，全真道在重阳后学的不懈努力下，发展迅速。全真道弟子买下了这家旅店，在原址上修建了重阳观以为纪念。此观曾在金元战火中毁败，后来丘处机重修此观，元朝皇帝赐名为"大朝元万寿宫"。明洪武六年（1373）更名为"延庆观"。

2　三州五会

全真道以独特的传教形式明显区别于其他道派。自王重阳开山创教以来，该派历代掌教及其门徒皆注意在各地设立传道会社，以此为根据广招门人，发展教会，壮大教派力量。在全真道创立之初，王重阳即在胶东半岛三个州的五个地方设立五个教会。这五会的设立对全真道的创立与发展起了重大作用，奠定了其日后迅速壮大的基础，直至成为影响最大的道派之一。

王重阳初达山东，并未急于着手创立教会，而是先在宁海州一带活动，为创立教会准备条件。王重阳首先选择了大昆嵛山作为传道修炼的落脚点。据《山东通志》载，大昆嵛山在（宁海）州东南四十里，秀拔为群山之冠。传说仙人麻姑于此修道上升，故又名姑余山，今遗址犹存。后世又称为昆嵛山。

王重阳在昆嵛山烟霞洞传道不久，即从当地招收了马钰、刘处玄、谭处端、丘处机、王处一、郝大通六大弟子。当地民众信奉王重阳者更是不计其数。在不到一年的时间里，王重阳及其弟子便在胶东半岛一带打开局面，为"三州五会"的建立创造了条件。

金大定八年（1168）八月，王重阳及马、谭、王、丘、郝五大弟子离开昆嵛山烟霞洞，搬至文登姜实庵居住，随即在此建立"三教七宝会"。大定九年（1169）春，王重阳同马、谭、丘、郝四弟子回宁海，周伯通筑庵金莲堂请他们居住。是年端午日，马钰的妻子孙不二在金莲堂出家。至此，"足满七朵金莲之数，普化三州，同归五会"。八月，王重阳就在金莲堂立"三教金莲会"。

据《牟平县志》载，金莲堂位于牟平县（今山东烟台牟平区）治东，明天顺年间，永康侯徐安重新修葺，重修碑记现在仍然留存。此外，还有一种说法认为，金莲会创建于宁海铁查山（或查山）。据考证，铁查山实为"铁槎山（槎山）"，位于今山东荣成南部，金代属文登县治，山顶有一洞曰"云光"，实为七真弟子王处一修炼处。但此山地处偏僻，人迹罕至，这与全真教会择地原则相悖。因为历来全真道会址皆选在县城附近人丁众多之地，以便于招引会众。

今昆嵛山烟霞洞

同年九月，王重阳及其弟子由牟平县至登州福山县（今山东烟台福山区）立"三教三光会"。据记载，王重阳登蓬莱阁与民众一起观看海市时，忽然遇到狂风大起，人们看到王重阳被大风吹入海中，许久以后又从水中出来，衣冠严整无事，人们十分惊讶，遂于此立"（三教）玉华会"。十月，至掖县（今山东莱州）立"（三教）平等会"。仅一年多的时间，王重阳与众弟子便在胶东半岛沿海地区方圆百里之内建立了五个全真道会社组织。因为福山、蓬莱二县当时属登州治,牟平、文登二县属宁海州治,掖县属莱州治,故而又称"三州五会"。

由于"五会"的建立,全真道在当地的影响迅速扩大。一时间要求入会、入教者云集,从而使胶东半岛成为早期全真道的活动中心。

"五会"之名皆以"三教"冠之,其用意是倡导三教平等、三教融合。时人对王重阳的评价很高,说王重阳乃是儒家子思、佛教达摩那样的圣人,王重阳"冲虚明妙,寂静圆融,不独居一教"的立教旨规也渐为人们所接受。王重阳"三教融合""三教一家"的主张,提倡"三教"在教理教义上采取相互兼容的态度,彼此吸收对方理论精华,力主改变以往那种儒、释、道三教相互排斥、诋毁的局面。

实际上,王重阳及七真弟子始终以独特的全真教旨相互标榜,明显区别于儒、释二家。除了以"三教合一"之意趣贯穿其内外,王重阳对"五会"的命名也别有一番用意。如"平等""玉华""金莲""三光""七宝"之名是相互联系、彼此依据的。"玉华"是气的代名词,"金莲"是神的代名词,"玉华""金莲"相提并论,蕴含着"性命双修"这一基本修炼原则。并且,上文中也阐明了王重阳立教"修仁蕴德,济贫救苦"的初衷,以及"先人后己,与万物无私"的德行。

王重阳的大弟子马钰更加清楚地解释了这"五会"之名的来源。他在《赠五会道众》中说:心平等,寿延长,修完七宝聚三光。悟全真,万事忘,玉花绽,金莲芳,馨香滋味满斋肠。行功成,现玉皇。可见,"平等""七宝""三光""玉华""金莲"实为内丹修炼的基本术语及所要达到的五种境界。王处一则在《云光集》中将"五会"的含义以一句话概括:七宝金莲子,三光从玉华,常持平等行,步步是仙家。总之,全真道"五会"之名中隐含着"三教合一"和"性命双修"

这两个基本的立教宗旨。

王重阳对"五会"之名再三斟酌的同时，也没有忽略对会众们修道行为的规范和教化，并且随着会众人数的增加，逐步制定了相对完善的章程和规矩。这些会社规则大多通过会疏或诗词的形式向会众转达，如《金莲社开明疏》《玉华社疏》《玉华疏》《三光疏》《平等会规矩》等。

此外，王重阳及七真弟子赠予会众们的大量诗词中，都对"五会"的建立原则、目的、规矩等做了详细的阐述与规范，对会众们的日常修炼提出了要求与期望。如《重阳立教十五论》是全真道创立初期，王重阳对门徒与道众的日常行为规范及练功修行等提出的十五项要求，也同样为会众们所信奉。《玉华疏》和《金莲社开明疏》等更明确地阐述了建立会社的目的和重要性，并把会众的日常行为与全真教旨相结合。由于"五会"组织以传道为目的，全真大师对会众们的日常练功修行极为重视，通过会疏对他们的修炼加以指导与勉励。

随着全真道影响的扩大，"五会"组织吸引了更多信士的加入。而且由起初的下层民众为主，发展到秀才、解元等儒士大量加入，直至地主、乡绅、官僚也争相入会，可谓遍及社会各阶层。由于来自不同阶层的会众在身份、地位、贫富、学识上相差甚大，如何使其抛弃世俗等级观念，共修全真道法，这成了全真大师们极为关注的问题。为了解决这一不容回避的难题，全真道相应提出：人人都有体道成仙的可能，只要肯诚信悟道，不管贫富贵贱，甚至连幼稚小童皆可达到全真境界。全真大师们对那些未正式入道的学道者，则劝导他们去践履忠孝，常行仁慈，遵守伦理纲常。"与六亲和睦，朋友圆方"（王重阳语），"为官清政同修道，忠孝仁慈胜出家"（谭处端语）。

全真道对各会会众采取较为松散的管理模式，会众们平时散居各处，定期或不定期聚会，交流练功心得，各会社则专设会堂供会众聚会之用。每年季春三月三圣水（在今山东莱州，现存圣水庵）聚会，是全真道士及会徒逐渐形成的习俗。创教之初，全真道没有自己的宫观，也没有固定的经济来源，正是这些会众为早期全真道提供了巨大的物质支持。在会社建立之初，所需会舍大多由会众聚资兴建，如前文中提到的海宁周伯通舍宅建金莲堂。

不仅会舍由会众捐助，早期全真道的许多宫观、庵堂也是由会众集资修建而成。"五会"会众除了捐助会舍、施舍庵堂，为全真道士提供食宿外，多位全真大师诗文集的刊印也得益于会众们的资助，其中包括教祖王重阳的《重阳全真集》和马钰的《洞玄金玉集》等，可见"五会"会众对于早期全真道的发展和壮大有着举足轻重的作用。

为了便于处理会社日常事务、利于召集会众，每个会社组织均有一名会首。其中有据可考的有福山县"三光会"会首周彬甫及其继任者张某，莱州"平等会"会首徐守道及其继任者路某，登州"玉华会"会首李某，文登"七宝会"会首王某。会首大多是由会众中较有声望的人物来担任，任期不限，可长可短。随着全真道势力的壮大，门人的增多，也出现了一村推举一人为其会首的情况。会首的主要职责是处理会社内外事务，组织会众聚会修炼，传达全真大师们的教诲。另外，还负责接待云游到该地的全真道士，尤其对全真大师们更要亲自接陪迎送。全真道设立会首更重要的目的是传播教义、发展门徒。早期全真道在传道过程中素有"不资参学、不立文字"的习惯，主张抛弃繁文缛节，以"不立文字，以心传心"的教风相传续。由于会众数量的增加，用"以心传心"的方式向会众直接传道已不现实，这就需要会首来做媒介，沟通全真大师与普通会众，从而实现"直指人心"的教化。

全真大师们往往先向各地会首传授修道之术，阐述练功要旨，然后再由会首向会众们传达。会首的最大价值,是在"高道—亲传弟子—会首—会众"这一传道路径中起到联结全真大师与普通会众的纽带作用。

"三州五会"的建立对发展全真道所起到的巨大推动作用,鼓励了全真大师们传教立会的热情。王重阳及其弟子在胶东半岛沿海地区创建的"五会"组织取得成功后,又以此为根据,向胶东半岛内陆地区扩展势力,创立新教会。其中有据可考的是日照县(今属山东日照)、滨州县(今山东滨州)、商河县(今山东商河县)等,这些新创的教会可算作全真道第二代会社组织。

此外,继王重阳之后的历代全真大师也十分注重在传教地设立教会组织。如宋道安、李志常等人在阿不罕山科布多(今属蒙古国)汉人居住地,仿效山东会社组建"长春""玉华"二会,促进了全真道在该地的传播。金正大九年(1232)丘处机西行觐见,返归燕京(今北京)以后,先后在燕京建立了"平等""长春""灵宝""长生""明真""平安""消灾""万莲"八个教会组织。这些会社与早期的"三州五会"基本相似,可算作全真道第三代会社组织。这些二、三代会社组织对于全真道的传播与发展同样起着重要作用。

3 金莲七真

据《金莲正宗记》记载：王重阳于甘河镇遇二仙人，获授密旨真诀，遂更名"王嚞"，字知明，号重阳子。自此，王重阳"涤尘渐垢，蠲膏剔盲，如醉而醒"。二仙又手指东方问王重阳：汝何不观之？王重阳回首而望，但见有七朵金莲结子。这七朵金莲预示着王重阳日后在胶东半岛招收的七大弟子（又称"七真"）：马钰、谭处端、刘处玄、丘处机、王处一、郝大通、孙不二。

为何以"金莲"譬喻"七真"呢？道门中常以"地涌金莲""纵步金莲"来譬喻登真成仙。全真道又赋予了"金莲"修行含义，如元代全真道第六代掌教尹志平《清和真人北游语录》中云：莲花为"心"之显现，其中有"神"居住，常生平常心才能使心莲绽放。他又将道教的"金莲"之说与孔子的"平常义"、佛家的"菩提心"相比照，以此阐扬全真道的"三教一理"之特性。金代长荃子撰《洞渊集》形容"七真聚会"的盛况时说：因缘相逢、金莲庆会，"金"为性之基，"莲"乃命之蒂，散之为万器，聚之为一金。"金莲"夺造化之功，能百炼愈新、应用群生，悟之者能得圣贤陪伴，奉之者则有道德相扶。

今陕西西安鄠邑区重阳宫
此宫又称"重阳万寿宫",素有"天下祖庭""全真圣地"之美誉。

"金莲"之喻即内含全真道"性命兼修"的宗旨。

前文已介绍了王重阳收"七真"的经过。这里,我们侧重谈下王重阳羽化后,这七位得意弟子对全真道的推动和发展。

据《七真年谱》记载,王重阳逝世前,对守在身边的马、谭、刘、丘四弟子交代:马钰已"得道",谭处端已"知道",并嘱咐二人分别督促和指导丘处机、刘处玄继续修炼,"处机所学,一听丹阳。处玄,长真当管领之"。马钰遂秉承师命,成为全真道第二代掌教。

金大定十二年(1172),即王重阳逝世以后的第三年,马、谭、刘、丘四大弟子将王重阳的遗骸迁葬至终南山刘蒋村,并为之结庐守墓三年。郝大通听闻王重阳仙逝的讯息,立即西游入关,前往刘蒋村与四子一起守灵。但谭处端以言语相激:"随人脚跟转,可乎?"原来王重阳曾有"汝当自成"之语赠予郝大通,故谭处端用"自立自重,不可随人脚跟,学人语言"这一宋儒典故,迫使郝大通自立自修。果然,郝大通羞愤不已,次日即东还。这一去,偶遇异人,得传易学大义。

另有《终南山祖庭仙真内传》记载，王重阳的徒弟山东人刘通微也曾至墓侧为其守墓三年。刘通微是王重阳早期的弟子，学界有说法认为，早期"全真七子"中并没有孙不二，而是刘通微位列其中。

金大定十四年（1174），马、谭、刘、丘四子守墓期满，相聚于秦渡镇真武庙。月夜共坐，各自言说修行志趣：马钰言"贫"，谭处端云"是"，刘处玄言"志"，丘处机尊"闲"。次日，四人各自离去。关于这段公案，元代道士史志经的《玄风庆会图》有这样的解说：所谓"贫"，即外罩粗衣而内怀珠玉；所谓"是"，则坦然行事而公正不邪；所谓"志"，即守道不渝而应物全真；所谓"闲"，意味际会缘法而逍遥无为。虽然四人言说的志趣各自不同，但其修行目的都是修炼心性、进修德业。

北京白云观丘祖殿

此次"秦渡言志"以后，马钰重返刘蒋村的王重阳墓葬处，建了一座庵堂居住，上书"祖庭"，此即后来的全真道祖庭——陕西省西安市鄠邑区重阳万寿宫。谭处端遵从王重阳"长真当管领长生"的遗训，带领刘处玄前往洛阳，谭处端居洛阳朝元宫，刘处玄前往洛阳土地庙。

丘处机则向西入磻溪（在今陕西宝鸡东南）苦修七年。陕西地区成为弘扬全真道法的重要区域。

继马钰之后，谭处端、刘处玄、丘处机先后出任掌教，在胶东半岛进行传教活动，并与金、南宋等政权周旋，推动全真道的发展。丘处机还积极营造宫观，建立稳定的传道场所，扩大教团的影响力。

尹志平曾经在《清和真人北游语录》中评价这几代掌教的弘道理念：马钰以"无为"主教，刘处玄"无为有为相半"，丘处机则"有为十之九，无为虽有其一，犹存而勿用焉"。这是说，马钰行教遵循无为、清净的原则，至丘处机则以"有为"为要。所谓"有为"即主动采取措施，为弘法扬教创造条件。

丘处机"有为"最突出的表现，就是不顾70岁的高龄应召西行，翻越大漠雪山，面见成吉思汗，成就了"一言止杀"的佳话。据《元史》记载：成吉思汗一直勠力西征，致使兵战频仍，丘处机谏言"欲一天下者，必在乎不嗜杀人"。成吉思汗向丘处机问询治国之道和长生之法，丘处机对曰："以敬天爱民为本""以清心寡欲为要"。成吉思汗深信其言，称丘处机为"丘神仙"，又命侍从笔录丘处机的言辞，以之训诫子孙。成吉思汗赐给丘处机虎符、玺书，令其掌管天下出家人，并下诏免去全真门人的徭役和赋税。丘处机东还燕京以后，被赐居太极宫（今北京白云观），他充分利用成吉思汗的敕命和度牒，大规模建造宫

丘处机像
北京白云观藏

观，招求河南、河北等地因战乱沦为奴隶的人，为罹乱的民众提供了一个避难之所。同时，这些济世行为也为全真教赢得了民众的信任，使其在北方得到迅速发展。

清高宗高度评价了丘处机济世度生的仁德行为，因而亲自为北京白云观书写楹联，文曰："万古长生，不用餐霞求秘诀；一言止杀，始知济世有奇功。"现今，北京白云观丘祖殿中存有一剐木瘿钵，上宽、下窄，容量五斗，钵内壁涂有金粉。相传，此钵为清世宗所赐，并说：若遇灾年乏粮，观中难以为继，道众可抬此钵至衙门，官府需以官粮资给。

尹志平将马钰的"无为"和丘处机的"有为"解释为"道同时异"。这其实也是道教"出世"和"入世"两重理念的表征。马钰代表了全真道修真内守、清静无为的内修思想，而丘处机则体现了全真道"苦行济人"的度世特点。丘处机曾经写下诗句："我之帝所临河上，欲罢干戈致太平。"他在乱世中大量修建道观、吸收门人，为全真道的发展筑牢了基础。丘处机也成为王重阳以后全真道最重要的人物，故《金莲正宗记》中称："是教也，源于东华，流于重阳，派于长春，而今而后滔滔溢溢，未可得而知其极也。"[1]

除了上述四大弟子之外，又有王处一在山西传道，郝大通在河北弘法，孙不二在洛阳传教。其中，王处一曾五次被金廷宣召，得到了金朝统治者的极大礼遇。

"七真"（或"七子"）之说虽然早已被提出，但一直到元至大三年（1310），才最终被官方确立。以马、谭、刘、丘、王、郝、孙为"七真"，各封以真人之号：马钰加封"丹阳抱一无为普化真君"，

---

[1] 秦志安：《金莲正宗记》序，《道藏》第3册，文物出版社、上海书店、天津古籍出版社，1988，第344页。

谭处端加封"长真凝神玄静蕴德真君",刘处玄见封"长生辅化宗玄明德真君",丘处机见封"长春全德神化名应主教真君",王处一赐号"玉阳体玄广慈普度真君",郝大通赐号"广宁通玄妙极太古真君",孙不二加封"清静渊贞玄虚顺化元君"。

后来,全真道内部各自推崇这七人而形成了七个支派。追随马钰的修道者自称"遇仙派",信奉丘处机的门人被称为"龙门派",追随谭处端的门人被尊为"南无派",崇奉刘处玄的门人被称为"随山派",郝大通的门人被称为"华山派",王处一的门人被称为"嵛山派",孙不二的门人被称为"清净派"。此七人各以修行所长分宗立门,弘扬全真道法。

九 列仙之儒：张宇初

张宇初是龙虎山第四十三代天师，他博览群书、兼益六经，并受"理学""陆学"的熏染。张宇初作为道门领袖，积极建设和完善道教的教理教义，"援儒入道""仙儒并举"，为明代正一道的发展做出了重要贡献。

1　博学羽士

张宇初像

张宇初（？～1410），字子璿，别号耆山，道教正一派第四十二代天师张正常的嫡长子。传说张宇初目有双瞳，精神秀逸，少年时即显现出高于同龄人的心智。曾有异人称其为"列仙之儒"，预言他将来必能位列仙班、弘畅道教。

随着年龄的增长，张宇初更是显现出了极高的天资和过人的学识。他不仅汇通儒、释、道三家经典，还兼及诸子之学，将学习心得写成书文，著成《岘泉集》十二卷传世。明太祖朱元璋（1328～1398）偶然读到这部《岘泉集》，十分欢喜，便立即召请张宇初入朝面见。京中许多王公缙绅也多愿意同他结交。

明洪武十年（1377），张宇初袭掌道教。十一年（1378），张宇初入朝陛见，朱元璋反复审视张宇初，笑言张宇初之形貌与其父张正常极其相似，故对他宠爱有加。次年，朱元璋派遣使臣入龙虎山赐宝诰，封张宇初为"正一嗣教道合无为阐祖光范大真人"，封张宇初的母亲鲍氏为"清虚冲素妙善玄君"。朱元璋还召请张宇初赴京面见，勉励他谨慎修持，并赐予法衣、金币、驿券等。

张宇初高深的道法也受到朱元璋赏识。洪武十六年（1383），张宇初受朱元璋的诏请，入紫金山修建玉箓大斋，此斋专为后妃、臣僚所设，助其请福谢过。张宇初还受命在神乐观祈雨，也颇为灵验。

洪武二十四年（1391）六月，朱元璋旨谕六部，严禁伪造符箓，颁赐张宇初"正一玄坛之印"，令其主掌关防符箓，世代镇守龙虎山。张宇初遂返还龙虎山，在山中黄箬峰下择地建构"岘泉精舍"，安养余生。

朱元璋像
中国台北故宫博物院藏

明成祖朱棣登基以后，张宇初入朝拜贺。朱棣特赐银钱，令张宇初修筑大上清宫，并特命张宇初陪祀天坛。后来，张宇初受命在朝天宫修建斋坛，人们看到有庆云覆坛、鸾鹤交舞等祥瑞出现。明成祖得知以后，对张宇初愈加敬佩，又陆续命宇初传延禧法箓、建延禧大斋等。建斋之时又屡屡出现祥瑞，明成祖极为欣悦，赠送张宇初许多奇珍异宝，礼送他回龙虎山。

从张宇初事迹可以看出，他的一生都与帝王、宫廷有着千丝万缕的联系。上述记录中，张宇初奉诏修建了几次较大的玉箓斋。按南宋道士吕元素《道门定制》的说法：玉箓大斋多为皇家修奉，意在保佑六宫、辅宁妃后。大臣藩镇等亦可修奉此斋，其目的在于为国祈禳、救度人民、请福谢过。也就是说，张宇初之所以被皇族青睐，同当时后宫、臣属的信仰需求有很大的关系。更兼由他主持的斋醮、祈雨等仪式颇为灵验，这就使他得到的恩宠一时无两。

张宇初所代表的天师道，自东汉末传至明代已历1200余年，前后共传承了43代。若论系谱传续之悠长者，儒家孔氏为第一，其次则应属汉天师世家。明太祖朱元璋在给张宇初的上谕中也强调：天师道自张陵以降，后继者多以"御灾捍患"而扬名。所以，他鼓励当时年幼的张宇初勤奋修行，为辅国济民、弘扬道法做好准备。

明永乐八年（1410）春，张宇初将代表天师尊位的印、剑授予弟弟张宇清，并对他说："我即将归真太虚，但遗憾还有国恩未报，愿你能够承此志愿，辅国弘道。"三天以后，张宇初又作一赞颂云："一点灵明，本无生灭，五十年中，非圆非阙，今朝裂破大虚空，三界十方俱透彻。"[1] 颂罢，以手指天而逝。

张宇初一生交游广泛。据学者考证，张宇初至少与33位士大夫有过交游经历，这些人中陆学（陆九渊）弟子多达17人。这与张宇初所处的江西地域有很大的关系，此间士人多受理学熏陶，贵溪（今江西省贵溪市）更是陆学的中心。这种经历也使得张宇初具备了深厚的儒学积淀，间接促成了他"以儒阐道""三教合一"的思想。

---

[1] 张正常：《汉天师世家》卷三，《道藏》第34册，文物出版社、上海书店、天津古籍出版社，1988，第836页。

2 耆山岘泉

耆山，是张宇初的号，其在佛典中又名"耆阇崛山"，意为佛陀说法之地。但同时，"耆"又有"老"的意思，或是由于当地有群山缭绕之庄严气象，故张宇初以此为号。

张宇初在《岘泉集》中写到"余居耆山中，闲游鹤松下"。明代李昌祺《运甓漫稿》中有《题张宪副山水》诗云："耆山鬼谷贵溪水，秀淑代有贤才钟。""耆山"是否为实指地名已不可考，但从张宇初与他人的诗词酬唱来看，当时应有耆山庵，是张宇初的修行之所。

张宇初死后葬在岘泉，岘泉庵亦是张宇初的精舍之名。明代国子博士王绅为其撰写的序言中说："其曰岘泉者，因精舍之称云。"张宇初用随笔的方式将自己对道教的理解、修行体悟，以及与当时文人之间酬唱交互的序铭题赞等，编成《岘泉集》十二卷。此书文辞清丽、格调古雅，可谓兼得了"耆山"的情操和"岘泉"的柔美。

《四库全书总目提要》评述《岘泉集》说：其文章乃斐然可观，其中若《太极释》《先天图论》《河图原辨》《荀子辨》《阴符经》诸篇，皆有合于儒者之言。《问神》一篇，悉本程朱之理，未尝以云师、风伯荒怪之说张大其教。这段文字有助于我们更好地认识张宇初其人其书，他虽出身玄门，但并不夸崇玄学秘术，著书仍然遵从儒学礼义。

明代白云霁注《道藏目录详注》云：《岘泉集》前五卷所著《冲道》《慎本》《太极》《河图》《原性》篇目，所论之义理深玄、研究精微、议论闳肆，其情理又贯穿天地造化、山川人物、礼乐制度等。后七卷则著录清词、斋意、普说、文集、诗歌、辞赋等，其诗歌深邃而悠远，其文辞敷腴而典雅，其辞章婉丽清新，得天趣自然之妙，可谓兼胜兼美矣。这可以说是很高的评价了。

《岘泉集》
明《道藏》本

张宇初对道门思想的理解和阐发，始终遵循两个原则：其一，"慎本"，学道者须回归玄门经；其二，道门义理应当贯综三氏，融成一道。

首先，张宇初重视"本原"，所谓"本原"即生化万物的原初至理。《岘泉集》以《冲道》《慎本》《玄问》作为开卷的前三篇，就是要探讨世界的本原问题。《冲道》篇最先讨论"虚"的含义，他认为："至虚"之中蕴藏着"万有"运化之玄机，这个玄机也就是"道"或"理"。

"道"自然存在于人心之中，心统性情，理具于心。所以凡明"道"者，并不着眼于物象之表，而是从心出发体察和理解事物。这实质上是继承了宋代理学家"尽心""复性"等观点。理学家们认为："性"即"理"，"性"是体，"情"是用，"性"得之于天，"情"发之于人。人们应当涤除思虑引发的不良之"情"，回归原始的、寂静的"天性"。

张宇初在上述理论的基础上，提倡"虚心"，"心虚则万有皆备于是矣"。这个思路其实是对荀子认识论思想的再发挥。"虚"就是放空思虑，不使原有的认知阻碍对新事物的认识。张宇初认为"道备于心"，只有放空心中的思虑杂念，才能使道气充溢。所以，他提出了这样的养生观点：虚心静气，涤除尘垢，思静寡欲，复命归根。如此可以达到与神感通、逍遥无极的境界。

张宇初认为学必有所本，学之首要在于"经世之学"，也就是道德、性命、仁义的学问。孔子、孟子等儒家先贤也始终在践行"经世致用"的思想，这些思想都系统地记述在圣贤留下的四书五经等经典中。而老子、庄子等道家代表，毕其一生都在追求"出世之道"，他们不为俗尘之名实争辩、利益争竞而拖累身心，追求逍遥无为的精神境界。而后学之人不懂这些道理，他们只是学着儒家士子皓首穷经、钻营举业，学着道家名士放浪形骸、无为遁世，却不能领会先贤们行为背后的思想支撑。所以张宇初强调，学者当"慎本"，即回归到前贤的经典中去体悟他们的心路历程。

张宇初的这一认识来源与他的问学经历有关。他在《书室铭有序》中对自己的学习经历进行了总结。他少年时志于儒业，诵六艺之文。壮年时，博览众家思想，走访四方名士，然后总汇所学旨规，"反身而诚，乃知皆备于我"。他同时强调作文章要蕴含道理，即文以载道。问学须遵周（周敦颐）程（二程），为文必学班（班固）马（司马迁）。

若不能文以载道,即使文辞华美也不值得提倡。他认为:"道"是天地间至精至微的存在,而"文"则是至明至著的。"道"需要通过文字来彰显,"文"则需要通过道气来生发和立存。所以古之有德者必立文字,这是由于他们内心的和顺,才能将内心聚集的灼灼英华散发于外。

其次,将道门义理"贯综三氏,融为一涂"。张宇初的"三教"思想,主要集中于对儒家义理的吸收上,并以"心性"作为三教理论的共同来源。这个思想来源于明太祖朱元璋的宗教观念。朱元璋曾作《三教论》,其中对道教(或老子)进行了重新定位。

朱元璋认为:"古今以老子为虚无,实为谬哉。"老子的思想言简而意深,乃是阐发三皇五帝之仁慈、遵行四时运化之规律,以家国为念,成百姓日用之常规。但世人不明就里,又加上求仙者假托老子之文妄说仙道,使得人们误以为以老子为"教主"的道教就是"误国扇民""出入幽冥"的巫道。朱元璋强调,如果世人皆崇尚幽冥,则人人竞说虚无、谈神论鬼,实非王治之道;如果人人罢黜神鬼之思,则又使得世人无所敬畏,人不畏天,则王化纲纪无所用力。所以朱元璋并不认同类似于梁武帝"兴灭无常"的毁佛举动,他将佛、道二教视为辅助王纲的重要举措,认为"三教"虽然立论不同,但都是济世化民的重要思想,缺一不可。

张宇初在改造道教义理时,也遵循了明太祖的宗教政策。他明确区分了"入世"和"出世"的学问,认为儒家义理是为经世致用之学,而佛道思想特立独行,明心见性的特点,对出世修行是大有裨益的。

最后谈谈张宇初的文人性情。张宇初具有多重身份,他是道门领袖,肩负着弘畅道教的重任;又是宫廷侍奉,游走在王公贵胄之间请福驱邪;还是修真雅士、旷世才子,追求逍遥无拘、远离红尘的精神境界。他虽身处道门，却自幼修习儒典，一生沉浮在"出世"和"入世"的思想之间。这些矛盾形成的张力都表现在他的诗词里，使之天然禀赋了一层哀怨和清丽的"悲剧"色彩。

如《岘泉集》卷十二《风入松》词云：

> 江城淹病酒难酣，疏鬓讶朝簪。暑消已觉秋光遍，红尘远，斜日回骖。蕙帐累留残宿，清霜犹湿春衫。
>
> 秦淮潮定碧如蓝，归雁息呢喃。白云帷幔寒偏早，更谁问，雁字鱼缄。早晚棹声归也，黄花白酒村南。[1]

又有《酹江月·江湖》词云：

> 曾随钓艇弄秋波，见尽江湖浩漠。两岸白蘋洲渚外，露玲荻花枫落。半夜潮声，中天月色，更转梅花角。推蓬试问，故人随处萧索。
>
> 发棹牧浦渔村，夕阳城畔，归雁鸣偏数。绿酒黄花烟雨际，几梦故园林壑，坏塔风高，海门山小，春尽垂杨郭。归来林下，振衣视寥郭。[2]

从词意来看，前一首写于作者沉寂寥落之时，病体寂寥、心怀不畅，故日日慵懒度过，不理世事，不问是非。后一首词则是作者的游

---

[1] 张宇初：《岘泉集》卷十二，《道藏》第33册，文物出版社、上海书店、天津古籍出版社，1988，第281页。
[2] 张宇初：《岘泉集》卷十二，《道藏》第33册，文物出版社、上海书店、天津古籍出版社，1988，第280页。

（明）仇英　《桃源仙境图》
天津博物馆藏

历回想，某日夜游江湖，弄梅抒怀。此时的张宇初不似一个修行的道士，更像是一个才气过人的文人士大夫，他的词中虽然也有"振衣视寥郭"的高迈气质，但整体还是偏向于哀婉。这或许也和他的修道体悟相关，道家以看破人生、参悟玄机为要，所以他的情感中也充斥着寂灭、萧疏的悲观色彩。

张宇初的玄言诗文辞出尘高迈，其中也包含着强烈的了悟世幻、寄情山水的遁世意味。如其《无俗念·参究》词云：

  尘湖峰下，结云松巢，子动忘昏晓。浮世衰荣无限事，一笑。浪沤萍蓼，翠竹黄华，水声山色，此味知多少。湛然莹彻，色空俱自明了。

  天光云影徘徊,写长空色,一镜澄清沼。春去秋来心自在,付与野情鱼鸟。海阔江平,月明风细,清籁传音杳。便须飞步沧溟,朗吟天表。[1]

  词中抒发了他堪破浮沉世事、寄情山月的逍遥情性。但潇洒的语句背后是对现实拘束的无奈心怀。他本以修道闻名,却浮沉于宦海之中。又如《岘泉集》卷八《杂诗》云:"生无涉世意,举俗非吾知。身幻每朝露,哀乐常相随……世无黔娄士,斯言当告谁。"黔娄是战国时齐国的著名隐士,一生安贫守贱、不肯出仕,后人为其吟咏者甚多。张宇初以黔娄自喻,再联想他的生平经历,现实与理想之间的张力撕扯,实在惹人深思。

  《岘泉集》是张宇初壮年时的作品,上述诗句却表现出了一种怀古遁世、遗俗独立的悲怆情绪,这或许也是时人评价他"疑如老成"的原因。

---

[1] 张宇初:《岘泉集》卷十二,《道藏》第33册,文物出版社、上海书店、天津古籍出版社,1988,第280页。

3　重塑道范

《道门十规》是张宇初最重要的道教著作。他在序言中提到了此书的撰作缘起：其一，由于明成祖两次敕旨，诏命张宇初纂修道典；其二，张宇初认为明代道教已面临玄纲废弛、名存实亡的发展危机，故有再振道风之志向。所以他广泛搜采前代轨范、祖师遗例，撰成《道门十规》，以期"激励流风、昭宣圣治"。

《道门十规》分为道教源派、持诵经书、坐圆守静、斋法行持、戒行为先、住持领袖、云水参访、立观度人、金谷田粮、宫观修葺十条规则。

张宇初十分重视对道教的追本溯源。他认为随着朝代的更迭，道教派系蜂起，良莠不齐。修道之人若不能了解他们的信仰本源，就不能传续正法，发扬道教。张宇初认为，道教自产生伊始就肩负着治化天下的使命。三代以前，黄帝就曾问道于广成子，后来的老子、关尹子、文子等人的言论也多涉及富国强兵、治世化民等方面。所以，张宇初强调修道者不可忽略圣贤之言、经世致用之学，应当秉承清静无为之旨，追求内圣外王之道。

张宇初认为，诵经是学道者归本溯源的最好方法。后世学道者不辨渊数，不问源流，只追求形式上的不同而标新立异，实为谬误。道门修行者需根据经书探索源流、务归于正，切忌为邪说淫辞所蛊惑，以讹传讹。初入道门的学徒更应该习诵经典，体会先贤立言的心得，明确真一不二的信仰。学道者诵经时要斋戒身心、洗心涤虑、存诚默诵，使心无二念、调声正气、句字真正、神畅气和。

张宇初又结合明太祖朱元璋"以儒治国"、以佛道"暗助王纲"的宗教政策，强调道门经典修己度人、道德日用的实际效用。当时常有"禅为性宗，道为命宗，全真为性命双修，正一则惟习科教"的论断。张宇初认为，学道之本无非性、命二事，即使是有形的科教仪式，其不过是性命之学的外显。无论是修己利人，还是济度幽亡，都需要以性命为根基。而修性的最根本方法就是"坐圆守静"。张宇初通过这一立论，将道教的内修和外在的科仪结合起来，去除了人们对道教"孤绝自守"的顽固印象。

在道士的培养方面，张宇初强调以诵经、求师、持戒为首要，以云游参访、广结道伴、立观度人、修斋设醮为主要活动。这是为了强化道士的组织认同感。修行之人往往要出家住观或者辟庐草居，除了需要强大的意志力来忍受孤独和戒律，还需要有志同道合的"云霞朋友"。他们既可互相鼓励修行，又可结伴为普通民众做斋醮法事。这使得修行成为一种事业，道士们进行仪式实践的同时，也是在积累功业。

此外，明代道官也被纳入了行政体系之内，道教事务由道箓司直接管理。张宇初在嗣教期间举荐了大批龙虎山道士出任朝天宫、神乐观、道箓司等处道官。这些做法使道众对归属道教充满了荣誉感，道士之间也变得团结和谐。

明代初期，江南、福建等地水患频发、疫病流行。民众除了接受朝廷救济之外，还将希望寄托于宗教，希图借用他们的符箓法术攘除灾祸。一时间，许多乡野羽士就"私出符箓"、滥设坛场，收取民众报酬、谋求经济利益。朱元璋敕命龙虎山专掌符箓发放，通过行政手段禁绝民间私相传授符箓的状况。张宇初批评一些羽士的妄乱行径，一方面训诫道士们应当遵循正一、灵宝、上清、净明等传统法箓；另一方面整肃斋科，一切斋醮仪式需以"济物利人"为本，不以谋求财利为念。这一举措充分发挥了道教"暗助王纲"的身份和作用。

总之，张宇初的道教改革十分具有针对性，既是对朱元璋宗教政策的回应，也是对当时道教混乱秩序的重新规制。在思路和行动上吸收了全真派"性命双修"的修真义旨，以及"十方丛林"的道士管理模式，又在形式上保持了正一道的符箓传统。张宇初的改革也体现出了他"辅国利民""弘道畅玄"的志愿：上不负朝廷崇奖之恩，下有资道流趋学之径。后人评价其《道门十规》为"奕世之绳规、玄门之范例"。

十 龙门律师：王常月

元代以后，全真道长期处于沉寂之中，在清初王常月的推动下，全真道开始了复兴之路。王常月是全真龙门派第七代律师，他颇具远见卓识，对全真道的传戒方式进行了大刀阔斧的革新，改"单传秘授"之旧制，为公开说戒。求戒者一时云集，名躁大江南北。此外，王常月还规范了"三坛大戒"的传戒次第，强化十方丛林的清规戒律，自此玄风大振，道日重明，使全真道走向了中兴。王常月也因此被后人推崇为"中兴之祖"。

1 中兴之祖

王常月像
北京白云观藏

王常月(？～1680)，原名王平，号昆阳子，山西长治(今山西长治市)人。王常月出生和成长的时期正逢明末战乱，江山寥落，满目疮痍。这些世间乱象使他萌生出尘遁世的想法。

清代闵一得编撰的《金盖心灯》中记述说：王常月少年时体弱多病，偶遇异人张麻衣，治愈了他的顽疾。王常月20岁以后做出了离家寻师的决定。自此他"遍游名山、逾越险阻、风霜道途、岁月寒暑"，苦心孤诣地参求大道。

王常月中年时，曾经游历到王屋山(在今河南省济源市)，在此遇到了道教龙门派第六代律师赵复阳真人。据《金盖心灯》记载，王常月游历到王屋山时，似乎冥冥中有指引，引导他见到了赵复阳。他便同赵真人一起隐居，但赵复阳始终对他不闻、不问、不答。这期间，王常月饥食松果、渴饮泉水，拜师求道之心没有丝毫消减。

终于，赵复阳被王常月的诚心感动，授予他两册戒经，并叮嘱他说：修道是一件说来容易但做起来却极其艰难的事，必定要以苦行为先，扫除种种扰乱心性的外在杂务；要秉持戒律，潜心修习道典，体悟道德自然、逍遥无待之奥妙。赵复阳同时预言，王常月必将"大器晚成"。

王常月得到赵复阳传授戒律以后，又历尽艰辛、遍访名山，孜孜不倦地学习和搜集道教经典。据《金盖心灯》记载，王常月曾经游历至一处古观，里面收藏了许多道教典籍，他便昼夜翻检。由于深山中缺少灯油，他只得借香火的微光彻夜诵读。八九年间，他寻历名师之所二十余处，拜访高道大德五十余人。

他听说九宫山（在今湖南省东南部）多隐逸之士，便立刻前去参访。至山林深处，看到有一个人巍然独坐于青石上。王常月连忙跪倒，膝行前往参拜，发现此人竟然是阔别已久的赵复阳。赵真人问王常月：一别十年，你也经历了许多风霜，有何感悟？王常月将近十年来的游历见闻和体悟说与赵复阳，并感慨当时道教内部戒律废坠、邪说流行，人们被这些"妖言"迷惑，不信正道，弘道事业艰辛异常。说至心酸处，王常月一时间感慨悲集，长为叹息。

赵复阳开导王常月说：有志于弘道者，不仅要通晓大道奥义，还要循时守行，不可轻为妄动。赵复阳鼓励王常月行"三百年来独任之事"，再振玄门纲纪。而这"三百年来独任之事"就是自丘处机以后中断的玄门戒律。

赵复阳解释说：元世祖时，长春真人丘处机曾广行戒法、传演戒律，教人信守静默、勤修无为。但因为所传之戒律多是师说心受、单传秘言，这也就注定了道门戒法不可能广泛流布。所以许多羽流道侣无缘一睹戒法，甚至不知道玄门中尚有戒律存在，这就造成了现下玄门颓敝、邪说妄行的结果。

赵复阳认为，如今缘分和时机俱已成熟，王常月就是阐扬玄门戒律的最佳人选。他相信王常月必能将传戒之事发扬光大，遂将天仙大戒授予王常月。赵复阳还预言，王常月将会在20年以后游历北京，入北京白云观拜谒丘处机故地，那时候就是大道兴发之日。

据《金盖心灯》记载，清王朝入主中原以后，王常月北上入京，在北京灵佑宫挂单。由于他道法精纯，很快就在京师得到了极高的声誉。皇帝也邀请他在北京白云观开坛论经、说戒讲法，并赐给他"紫衣"。"赐紫衣"一般是帝王为了表彰高僧大德们翻译经典的辛苦功劳，而颁赐紫色袈裟或法衣，后来渐渐成为帝王褒奖有德行的出家人的一般做法。

据说王常月曾三次登坛说戒，传度弟子千余人。这一切都应验了赵复阳当初的预言。此后经年，王常月遍访诸山、阐扬戒法、广收门徒，使玄门道风一时大振。

康熙十九年（1680），王常月羽化，葬在北京白云观西侧。清圣祖赐其"抱一高士"之号，又命当地建筑飨堂、塑王常月法像。《金盖心灯》中称赞王常月为"我朝高士第一流人物"。

纵观王常月的一生，几乎都在游历四方。他还未得到戒法时，就遍访诸山、寻仙问道。得传道戒以后，又离开北京前往南京等地继续传戒。清代笪重光《初真戒后续》中谈道："戒律"的说法早就见存于《道藏》中，自北七真（王重阳的七位弟子）出世以来，以丘处机为代表的龙门一派崇尚清静、专守戒规，许多初学道法的弟子仰赖此戒律以澄心遣欲。但随着律法逐渐弛废，许多道规湮灭佚失，遂使道风倾颓、道士难管。许多修真之士妄以逍遥之名，行不轨之事。王常月重新提起道门戒律，以身示范，使得海内羽流知悉尚有"清都玉律"存在，令修真道士有律可依、有法可循。

2　龙门戒律

学界一般认为,道门戒律始自南北朝的《老君想尔戒》。"戒"的功能以"防邪风之往来"为要,主张"经以检恶,戒以防非"。南北朝时已有五戒、八戒、十戒等正式戒条出现。这些戒条的内容既有道士的修行内容,也有世俗的纲常名教,皆以修德治身、不犯恶行为要义。

王常月在他撰写的《初真戒律》序言中说:精行戒律可以敦促修道者念善止恶,帮助道士坚定修行意志。普通民众如果能领会道教的这种苦己利人之精神,兼修戒律,必然可以辅助王化、助力纲常、公正良俗。

道教戒法的传授本来是"代代相承,师师相授"的。但王常月为了光大道门戒律,广泛传布戒法,他毫不犹豫地打破了这一道教的传统窠臼。在九宫山上得到了赵复阳真人亲授戒法以后,王常月参悟要领,只身前往北京白云观设立戒坛、传授戒律。这在当时的道教界,是一个很大胆的创举。

王常月在《龙门心法》"戒行精严"条中说:道门戒律自七真阐

教以后，渐渐教相衰微、戒法不严，以至于四百年而不显于世。因为教门之中没有人可以担此大任，乃至于照路的天灯不明、立身的手杖不稳。修道者无光亮指引、策杖辅助，故昏暗难行、立身不稳。希求上进的人失去了轨范，就会被旁门邪道乘虚而入，使外道盛行。清静解脱、正大光明的大道却湮没无闻。如今正逢盛世、道运兴旺，上得帝王之庇佑，使天下太平，又有许多高官善信助益教法。且民众中奉真向道、乐善好施之家更是鳞次栉比，这实在是千载难逢的弘道盛世。

王常月的弟子龙起潜在《戒坛规范》的引言中说：吾师（王常月）度人心切，敷衍天人之博大科戒，严格律法规条、弘畅戒律科目。这也可以看出王常月急欲光兴道教、弘畅戒法的迫切心情。

龙起潜在其师的基础上补充说：戒法的设立乃是要擒获奔驰的狡兔、收服挣栏的白牛。他以狡兔和白牛譬喻人们内心无止的欲念。若不对这些欲念加以管束，必定是兔走牛奔、毁坏田林，不仅不能成就上道，还会破坏已经修证的功业。古来修成仙道者，都要经受繁苛的戒法律条，经过千锤百炼之后才能证心成道。故龙起潜说：欲上九天成道，先要在五地行持，肯从万丈涧底走，方能昆仑顶上行。故他奉劝众修行良友，各宜著眼，痛自加鞭。

关于王常月的传戒契机，道教学者陈耀庭先生认为：当时的清廷对于汉地宗教信仰一直保持着冷漠疏离的态度。因为清廷的祭祀沿用满族的萨满崇拜和仪礼，故对汉地佛教和道教的态度十分冷淡。只有雍正时期有所不同，因为清世宗通晓佛、道，对于佛、道二教的领袖也给予礼遇。但是，清王朝入主中原以后，皇室缺乏治理大国之经验，故从清世祖开始，清朝历代君主也一直强调要学习汉族的政治和文化。道教作为最能代表中国民众观念的思想形态，自然成为帝王重点了解和利用的对象。

北京白云观戒台

此外,对于王常月急切、广泛的传布戒法之行为,陈耀庭先生也有精辟的论述。他说:早期的道门戒律多是针对个人修行的指导和规约,但开坛传戒则不然,倘若以大规模开坛传戒的方式来对道门弟子进行集体训诫,这就使得守戒从一种个人行为变成一种集体行为,是道教组织强化自身力量的举措。王常月将放戒活动确定为全真龙门派的一个群体性信仰教育活动,使放戒成为全真派内部进行信仰教育的全局性平台,大大促进了全真龙门派弟子总体素质的提高。

《初真戒律》是王常月最重要的著作,它的重点关注对象是初入道门的学徒,其内容涵盖了入道之士修行的方方面面。王常月认为,初入道门者心志未定,犹需领受戒法,助其坚守本心,避免被外界的不良环境影响。

《初真戒律》还包括概述性的"入戒要规",记述了传戒法规、戒师、戒尺等施行戒律的基本要素。又有道士日常的穿衣轨范、出行仪范、奉师科戒等。最重要的是持戒威仪,包括:出入威仪、事师威仪、视听威仪、言语威仪、盥栉威仪、饮食威仪、出行威仪、起立威仪、坐卧威仪、沐浴威仪等。

王常月对受戒者次第传授初真戒、中极戒和天仙大戒，又称"三坛大戒"。他解释说："初真十戒"教人拘制色身、不许妄动胡行；"中极三百大戒"教人降伏顽心、不许胡思乱想；"天仙妙戒"教人解脱真意、不许执着。

陈耀庭先生结合道教戒典《龙门心法》中的"心法真言"条总结说：道门中的戒法如皈依三宝、忏悔罪业、断除障碍、舍绝爱缘、戒行精严、忍辱降心、清静身心、求师问道、定慧等持、密行修真、报恩消灾、立志发愿、印证效验、保命延生、阐教弘道、济度众生、智慧光明、神通妙用、了悟生死、功德圆满。这些内容包含了一个全真道士修行

《初真戒律》
 清《重刊道藏辑要》本

的全部内容。由此我们也可以观见,修真之士并非孤绝离群,不问苍生。恰恰相反,修真之士亦应该把自身的修持之力传布和返回给芸芸众生,使道俗同样倾心向善,使"出世于入世之中,达身于省身之内"。

《初真戒律》规定:道士入道以后,需要每日清晨焚香讽诵"太上老君所命积功归根五戒"——不杀生、不饮荤酒、不口是心非、不偷盗、不邪淫。次念《三官经》《太上感应篇》,检校道士身心功过,每诵经一句则反思自问:我能受得否?我能遵行否?如此日日用功,才能勇往精进、消灭恶念。

此外,初入道门的学徒需要领受《虚皇天尊初真十戒》,其文如下:

> 第一戒者,不得不忠、不孝、不仁、不义、不信,当尽节君亲、推诚万物。
> 第二戒者,不得阴贼潜谋、害物利己,当行阴德广济群生。
> 第三戒者,不得杀害含生,以充滋味,当行慈惠,以及昆虫。
> 第四戒者,不得淫邪败真、秽慢灵气,当守真操,使无缺犯。
> 第五戒者,不得败人成功、离人骨肉,当以道助物,令九族雍和。
> 第六戒者,不得谗毁贤良、露财扬己,当称人之美善,不自伐其功能。
> 第七戒者,不得饮酒食肉、犯律违禁,当调和气性,专务清虚。
> 第八戒者,不得贪求无厌、积财不散,当行节俭、惠恤

贫弱。

第九戒者，不得交游非贤、居处杂秽，当慕胜己、栖集清虚。

第十戒者，不得轻忽言笑、举动非真，当持重寡辞，以道德为务。[1]

清代道士吴太一对"初真十诫"的含义解释说："初"意为开始；"真"意为不假；"戒"意为禁止。每个人出生时都具有纯真善良的"无假之真性"，故他又将"初真"解释为"初始之心"。而遵从戒法，就是帮助人们避免被不良环境影响。修道者应始终保持原初的性情，复返初始无极的自然性，故曰"初真十戒"。

这些戒条反映了，王常月是将儒家的义理、法度与道教戒律相融合。如吴太一在《初真戒说》中谈道：戒律在儒、释、道三家的典籍中，其实都是一个道理。虽然在道教称为"戒"，但实质也是儒家规范。道门所讲的"道法"，其实就是儒家的"王法"。此文被王常月收入《初真戒律》之中，亦是吴太一为王常月的戒律书做的推介和序言。

吴氏对道教戒法的理解具有很高的立意，他说：道门戒律不仅要人们尽心尽性，更要让他们知命知天。这就把修行纳入自然大化的道理之中，修行不再是孤注一掷的事，而是一种顺应自然的真常之理。若把这种道理放大，它就成了辅佐帝王教化的规绳，劝导世人行善远恶。仙佛之戒是幽冥律法，儒家王法为人世律条。此二者俱是天道、互为表里、共扶世教，都有益于人们处世行事、治己治人。倘若世人但见有人嗣纲纪，而不知幽冥有戒法，乃是偏听、偏信、偏闻的蔽暗

---

[1] 王常月：《初真戒律》，《重刊道藏辑要》第26册，巴蜀书社，1955，第508页。

表现。陈耀庭先生认为,正是由于王常月对三教融合的重视,一批具有儒家思想基础的子弟,更加坚定了全真信仰,活跃在各地弘法传道的第一线,成为清代龙门派复苏发展的中坚力量。

十一 妙正真人：娄近垣

娄近垣是清代颇受帝王恩宠的正一派高道，他长期居住在京城，进退有据、应对有方，深得清世宗、清高宗两位皇帝的赏识，并与王公大臣交往密切。清世宗称赞他是"道门所罕见者"，时人美誉他"至性精虔，博综符箓"。在娄近垣的推动下，龙虎山正一道的影响力广及朝野内外。

1 上清外史

娄近垣(1689～1776),清世宗赐字三臣,号朗斋,自号上清外史,松江娄县(今上海市松江区)人。他自幼在枫溪仁济观(在今上海市内)入道,师事道士杨纯一。娄近垣悟性极好,不仅精通道教经典,对教外之经史文章也广泛涉猎。他时常游历于江浙等地,参访玄都秘法、寻觅神仙典籍。后来,娄近垣拜谒江西龙虎山天师府,拜天师府三华院道士周大经为师,被授五雷法和《丹经玉诀》。

雍正五年(1727),龙虎山第55代天师张锡麟依循例入京陛见,娄近垣作为法官随行。车驾行至杭州时,张锡麟感染重病,临终前将觐见事务转托娄近垣,并叮嘱他"以善事天子"。自此娄近垣作为御前值季的法官,留在了北京。

娄近垣的发迹与雍正年间一件很偶然的事件有关。

雍正七年(1729)冬,清世宗身体不适。次年,由于病情严重恶化,清世宗下旨谕示各省督抚寻访名医及修道者治病。时有浙江总督李卫向清世宗举荐了一位名叫贾士芳(又名贾文儒)的道士。此人曾在北京白云观修行,颇有名气。贾士芳通过按摩、祝由术等道家秘法治好了清世宗的病。清世宗也在给李卫的秘折批语中表达了对李卫和贾士芳的谢意。

后来,贾士芳仗着功劳口出狂言,触怒了清世宗。清世宗以贾士芳妄行邪术为由,将其关押入狱。嗣后,清世宗故疾复发,他认为这是贾士芳的余邪所致。

此时,娄近垣作为御前法官,受诏命入朝设坛礼斗,用符水为清世宗驱邪治病,结果很灵验。

清世宗像
美国纽约大都会艺术博物馆藏

清世宗认为娄近垣秉性忠贞、居心诚敬,故能礼斗有应,使自己的沉疴旧病焕然而释。同年十二月八日,清世宗赐娄近垣对联一副:灵函自秘金坛篆,仙牒常翻石室书。

由于为清世宗设坛驱邪的机缘,娄近垣得以在京师扬名。而他与"邪祟"贾士芳的故事在当时也颇为流行,以至于民间出现了以二人为原型的传说故事。如清代袁枚编《新齐谐》中专有娄近垣、贾士芳小传。该书称贾士芳为妖人,常在民间作祟,娄近垣以五雷正法惩毙之。

雍正九年(1731),病愈后的清世宗对娄近垣更加青睐。他称赞娄近垣"篆章有效,丹篆多灵",授其为龙虎山上清宫四品提点,内廷钦安殿住持。是年正月二十日,清世宗赐娄近垣手书匾额,上书"清吟恬淡"。一副对联:"种花春扫雪,看篆夜焚香。"一幅字:"春暖黄莺织柳边,水晶帘影露珠圆。绮霞低映晓晴天,藻行万条牵翠带。飞红满地贴琼田,蕙风飘荡散轻烟。"赐字中描画了一个安静闲适的高道形象。可见,清世宗已经把娄近垣当作一个可与之交流修行心得的人。是年三月,清世宗签发帑银,命娄近垣监督修造龙虎山上清宫。[1]

大光明殿重建以后,清世宗诏封娄近垣为"妙正真人",主掌大光明殿。大光明殿肇建于明嘉靖年间,雍正十一年(1733)修缮竣工。据学者研究,大光明殿由娄近垣住持,共统领法官48员。驻守此殿的法官俱是由娄近垣和内廷大臣亲赴江南、江西等地选拔任命,所用之法衣、法器也是由苏州制造办亲自送来的。清世宗也在谕旨中明示各处援建大光明殿,娄近垣是为大光明殿"第一代开山的人"。

清廷对娄近垣的优待一直延续到了乾隆年间。虽然清高宗对道教的态度不似其父,但他对娄近垣仍然十分尊敬。乾隆元年(1736),清高宗敕命娄近垣兼管京师道箓司印务、东岳庙住持等,又赠娄近垣手书对联一副:"千章树影屏间绿,百道泉声云外清。"此时,娄近垣的身份为"妙正真人、通议大夫、内廷钦安殿住持、掌道箓司印务、东岳庙住持、大光明殿住持、提点龙虎山大上清宫",其所获之优宠,在当时的出家人群体中一时无两。

乾隆五年(1740),正值清高宗寿诞,龙虎山正一真人进京恭贺皇帝万寿。时有鸿胪寺卿梅珏成上疏云:"道流卑贱,不宜滥厕朝班。"自此,清高宗停罢了正一真人觐见的惯例。朝中对道教的态度已经渐渐发生改变。终于,在乾隆十七年(1752),清高宗将正一真人的品级由二品降为五品,且不允许其再如以往一样入朝请封。但当时娄近垣的品秩乃是三品,因其系清世宗亲自册封。为了平衡影响,清高宗只得又将正一真人品阶复归三品。娄近垣的影响力可见一斑。

娄近垣见受的荣宠历清世宗、清高宗两代不衰,京中王族贵要也喜欢与他"竞相往还"。娄近垣50岁生日时,京中王公大臣艳羡他"宁

---

[1] 娄近垣:《龙虎山志》卷一,《藏外道书》第19册,巴蜀书社,1992,第427页。

北京东岳庙
北京东岳庙是正一道在华北地区的第一大丛林,始建于元代。与东岳庙相对的还有一座牌楼,北面刻"永延帝祚",南面书"秩祀岱宗"。

心内境、栖虑玄门、日华多暇"的境界,纷纷赠诗文祝福他,诗文竟达百余章。娄近垣将这些诗作编成《知非集》一卷,以示躬身反省以往之过错。

娄近垣的传道方式十分灵活,他会针对不同的对象,采取不同的方式引导他们认识道教。传说恭亲王曾在府邸宴请娄近垣,向他咨询养生术。娄近垣说:王爷你现在锦衣玉食,就是真正的神仙了,宴席上的烧猪就是绝佳的养生之材,完全不需要再向外求。恭亲王很认可娄近垣的言论,认为娄近垣才是真正懂得养生之道的人。

娄近垣于87岁时羽化。传说他辟谷数日,在京师妙缘观端坐而逝。清高宗钦赐金银为其治丧,命娄近垣的徒弟将其师之遗骸迁葬龙虎山。

2 振兴玄门

由于娄近垣设斋醮治好了清世宗的病,清世宗认为娄近垣"一片忠悃,深属可嘉"。娄近垣的道法得龙虎山天师之传,故清世宗又恩及江西龙虎山。清世宗的这一举措,间接促成了以江西龙虎山为代表的正一道的复兴。

龙虎山真人府上清宫,各朝历有修建。康熙二十六年(1687),清圣祖亲题真人府号为"碧城",并赐匾额、发帑金,命修建宫殿。至雍正年间,昔日之祠庙业已凋敝。清世宗拨发内库银两,遣钦差前往龙虎山监修此殿。同时清世宗也表示,此举并非有意推崇道教,而是希望通过这种方式,鼓励道士勤谨修行、为国家祈求福祥。

除了上清宫之外,清世宗还在龙虎山区域修建或重建了正一观、虚靖祠、光明殿等道教观所。这些宫观也间接刺激了龙虎山天师道的重振。

当然,关于清世宗倡发道教的原因,也有不同的说法。民国学者黄鸿寿认为:雍正年间广泛建立祠观庙宇、敕封神仙尊圣的行为,与清世宗本人敬天信神、喜言祥瑞的性格有关。清世宗继承大统以后,剪除了众藩王党羽，一时间位高志满，遂又对长生之术念念不忘。故延请贾士芳、娄近垣等道士帮助他调摄身心、颐养天年。尤其他延请娄近垣入宫设醮以后，招来白鹤等飞禽降庭。娄近垣又能祷雨乞晴，无不立验。这一切更加坚定了清世宗的信心，认为神仙之事必定可成。

黄鸿寿关注到了清世宗的个人喜好，认为清世宗佞道的原因在于喜言祥瑞、痴求神仙等心思。但实质上，清世宗还有另外一番考量。他认为修饰庙宇和规范教

（清）关槐　《龙虎山鸟瞰图》
美国洛杉矶县立艺术博物馆藏

门是合情合理的事。宫观是国家祀典、报功祈天时不可或缺的场所，对道教的宣倡和对观宇的重视，能使天下人明了正道教化，知悉天地之间有真一正理常垂。

而娄近垣的人品和学识也是清世宗认知道教的契机，间接促成了娄近垣传续道法、宣倡道教、保民护国的弘道事业。

娄近垣又在元、明两代《龙虎山志》的基础上，对之进行重新修订。《龙虎山志》最早由元代道士吴全节发起，翰林学士元明善编修，凡计三卷。嗣后虽经张宇初等人接续修纂，但由于"岁月浸久"，难免出现许多挂漏之处和需要完善的地方。

娄近垣针对旧志，进行搜集、考辨，将原志增衍至十六卷。又将《龙虎山志》分章缕析，使之"明简有法"，分为恩赉、山水、宫府、院观、

《龙虎山志》

古迹、世家、人物、爵秩、田赋、艺文十大门类，又有纶言、语录、碑文、诗、记、书、序、表、赋、铭、赞、跋十二子目。其中还录入了《妙正真人语录》和《知非赠言》等与娄近垣本人相关的记述。

娄进垣十分重视道教科仪。他强调道教仪式的核心在于"佐宏图、为教化"，以回应清世宗对道门斋醮科仪的理解：济物利人、为国求祥、为民祈福。他删订了《黄箓科仪》十二卷、《祭炼科仪》二卷，校订了《先天奏告元科》一卷。

娄近垣在《黄箓科仪》序言中说：自雍正年间入京以来，得皇帝圣恩垂降，司职金箓斋事，窃见斋醮科仪古本一卷。但内容不全、讹误甚多，故略加增删，刊成十卷。后来偶遇和硕亲王，得其亲自批阅、重新刊刻，仍提名为《黄箓科仪》。此书依循古例，以发奏、建坛、宿启、拜表、早朝、午朝、解坛、设醮为前八卷，卷九至卷十二为科仪所用之通式,包括总圣科位、通行文检、秘符手诀、坛图法印、乐谱赞颂等。

据学者调查研究,现今龙虎山、上海、苏州等地的正一派道观,仍然在延续这些科仪内容。

3　援禅入道

娄近垣对禅学的理解主要见于《重修龙虎山志》卷十二《妙正真人语录》，包括12首《西江月》，4首《性地颂》，2首歌，4首偈。这些作品有许多是娄近垣自己的修真体悟，也有许多是娄近垣对清世宗指导习禅的回应，故出现了很多"圣恩点化"的字样。

虽然清世宗笃信佛法，但亦深谙道家玄理。他分判儒、释、道三教学说，认为儒教本乎圣人，为生民立命，乃治世之经法；释氏之明心见性、道家之炼气凝神功夫，可作为儒家思想应用于世的补充。三教思想归根结底都是要有助于王化。

在修行方面，清世宗尊崇六祖慧能，认为佛教修行要点在于"指悟自心"，只有遵循这一原则，才能说是正知正见。他还总结了参禅的三个阶次，分别为"初步参破""透重关""破重关"。简单来说，就是一步步领悟真性清净的道理，放下烦恼、执着，达到与天地自然一体而同、一体而化的境界。

清世宗说：他常在闲暇时召见娄近垣，与他畅谈玄宗妙旨，娄近垣往往能准确和深刻领会他的点拨话语，竟能"直透重关"——禅门修行之第三层。此外，对于清世宗一直秉持的"三教一源"之理，娄氏也能给予回应和贯彻，更使得清世宗对他刮目相看，认为娄近垣"实为近代玄门中所罕见者"。清世宗曾遴选王宫臣僚、名僧、高道的语录偈颂编入《御选语录》，当朝道士中，唯娄近垣一人入选。

我们从娄近垣的作品中，可以管窥他对清世宗观点的理解和接纳。如娄近垣在《示后学》中引张伯端语"见物便见心，无物心不现""睹境能无心，始见菩提面"，认为此二句偈语同佛教《楞严经》具有异曲同工之妙。娄近垣认为，在"明心见性"这个层面上，张伯端的四句偈语可作为佛道汇通、一以贯之的例证，是为开导后学的法言。

他进一步解释说，世间种种法相都是由心而生，即"心生种种法生，心灭种种法灭"，若心不生念，则万法无所驻足。就如同面对一个大大的镜子，虽然镜中呈像和实物是一样的，但智慧的人会看到表面背后的差异，而普通人只能看到表面的相似之处，这也就区分出了智慧的圣贤和迷蒙的凡夫。这种差异就是典籍中说的"觉照"。所以，圣凡之异归根结底在于心境的差异。推而及之，贤愚、生灭、来去、有无都在于一心的觉悟。故他作《性地颂》其二云："心无因境有，境有因心无，心如不逐物，何处更寻吾。"[1]

娄近垣融摄禅学，强调佛道同质。如其《性地颂》其一云："辉辉大圆镜，物我具此照。弥勒与威音，一身兼两号……欲知佛仙理，只这玄关窍。"他推崇本心，认为心与佛俱应归于"空"，故云："了知真佛住无心，始悟无心是真佛。如是心，如是佛，心兮佛兮皆妄说。"如果了悟万物皆空的道理，则行事必然动静合道、无拘无束。

他又从"无心"出发，阐发出"放心"的道理。其诗云"快活快

---

[1] 娄近垣：《龙虎山志》卷十二，《藏外道书》第19册，巴蜀书社，1992，第551页。

活真快活，一切葛藤俱摆脱。如今不用觅真诠，任我去来活泼泼""自在纵横无定体，即是天仙三世佛""愚人笑我是狂言，谁解我言真老实。由他笑我非笑我，我只如今且快活"。这些观点与佛教的"性空""顿悟成佛"思路具有相似性，所以他说"性悟头头是道，心空处处菩提。若人悟得这玄机，即是仙佛秘义"。[1]

这些充满玄机禅理的诗句，有意"暧昧"着佛、道二教在义理上联系，这种论见也必然能得到清世宗的喜爱，使其更加支持娄近垣的弘道事业，间接促进了清代正一道的传播。

---

[1] 娄近垣：《龙虎山志》卷十二，《藏外道书》第19册，巴蜀书社，1992，第551~553页。